DE LYREMERVILLE

ÉTUDE BIOGRAPHIQUE
CRITIQUE ET LITTÉRAIRE

par

l'abbé Paul TERRIS
chanoine honoraire de Fréjus, membre de Sociétés savantes

AVIGNON
SEGUIN FRÈRES, IMPRIMEURS-ÉDITEURS

JOSEPH-FRANÇOIS

DE REMERVILLE

JOSEPH-FRANÇOIS

DE REMERVILLE

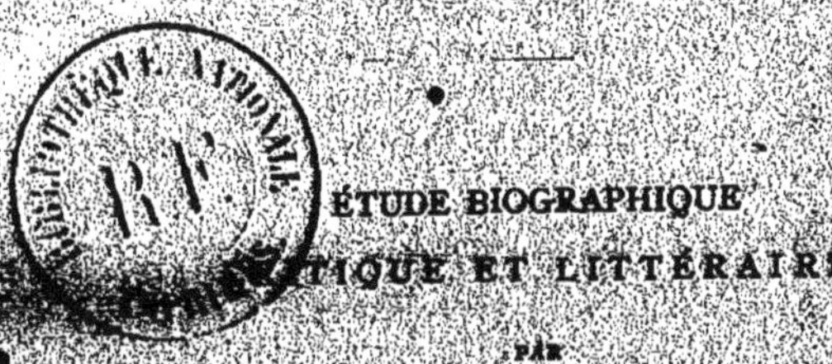

ÉTUDE BIOGRAPHIQUE
ARTISTIQUE ET LITTÉRAIRE

PAR

L'abbé Paul TERRIS

Vicaire-général de Fréjus, membre de Sociétés savantes

AVIGNON

SEGUIN FRÈRES, IMPRIMEURS-ÉDITEURS

13, rue Bouquerie, 13

1886

JOSEPH-FRANÇOIS DE REMERVILLE

ÉTUDE BIOGRAPHIQUE, CRITIQUE ET LITTÉRAIRE

On a trop parlé peut-être de la centralisation littéraire au XVIIe siècle. A entendre certains critiques,
il semblerait que pendant le grand siècle, il n'y a eu
de vie littéraire que celle qui se développait dans les anti-
chambres de Versailles, éclose sous l'influence directe des
rayons du roi-soleil. On oublie trop qu'au delà de cette at-
mosphère si chaude et si féconde, la province, elle aussi,
avait sa littérature ; non pas, il est vrai, une littérature pleinement indépendante de celle qui gravitait autour du maître,
mais une littérature qui, pour se mouvoir d'après le même
système, n'en présente pas moins un caractère original et intéressant.

Cette assertion eût paru étrange, il y a quelques années :
elle est toute naturelle aujourd'hui que des études plus sérieuses ont permis de constater toute la vigueur de la vie provin-
ciale pendant le siècle de Louis XIV. Pour lui donner une
confirmation nouvelle, je ne veux pas chercher de preuve
plus loin que notre Provence, et dans notre Provence elle-
même, la terre classique du *gaï-saber*, je veux me borner à
une petite ville, qui plus est, à un seul homme. Cette ville,
c'est Apt ; cet homme, c'est Joseph-François de Remerville.

Mais Remerville n'est pas le premier aptésien qui, à cette
époque, se soit adonné au culte passionné des lettres, pas

plus qu'Apt n'a été la première ni la seule ville de Provence qui ait voulu, sous le nom d'Académie, avoir sa réunion de beaux esprits. Si l'on tentait de faire la généalogie des académies provençales, peut-être faudrait-il leur assigner pour première patrie la ville d'Aix, qui, en sa qualité de capitale, devait bien donner le ton à la province. On sait que Malherbe, le père de la poésie moderne s'établit à Aix « à la suite du « grand prieur d'Angoulême. Il fit école dans cette ville : « autour de lui se rangea une pléiade de rimeurs célèbres de « nos jours encore. On se pressait dans sa chambre de la « rue Courteissade, et la chronique nous apprend que, par- « fois, on demeurait à la porte, faute de chaises. Aussi ces « chaises-là étaient-elles briguées à l'instar de nos fauteuils « d'aujourd'hui. » (1).

« Apt », continue l'érudit et spirituel écrivain auquel j'em- « prunte ces détails, « Apt eut le bonheur de posséder à « cette époque un vrai Mécène. J'ai nommé Honoré de « Brancas-Villeneuve, baron de Céreste, nommé gouverneur « de notre ville, en 1649, après s'être distingué à la tête « d'un régiment au siège de Casal. Il aimait la poésie et les « poètes, et versifiait également en latin et en français. C'est « vraisemblablement à lui que revient l'honneur d'avoir pro- « voqué la création de l'Académie aptésienne. »

La ville d'Apt, en effet, à l'exemple de la capitale de la Provence, avait voulu avoir son Académie, comme l'eurent à un moment donné beaucoup de villes de province. « Ces compagnies littéraires s'étaient répandues, comme en France se répandront toujours les bons mots et les bons vins », dit un spirituel critique (2). Sous l'influence d'Honoré de Bran-

---

(1) *Du sonnet et des sonnettistes aptésiens*, par L. de Berluc-Pérussis, pag. 9.

(2) *Le Mercure aptésien* (n° 1113 et suivants), reproduit un article fort intéressant publié, en 1815, par M. Belliard, dans le *Journal des villes et des campagnes*.

cas, et peut-être aussi de l'évêque Modeste de Villeneuve, quelques jeunes gens amis des lettres ouvrirent des *Conférences* auxquelles les étrangers paraissent avoir été admis. Nous lisons dans la préface d'un *Poème en vers burlesques* (1), dont l'auteur est François de Mervesin, ce curieux témoignage qui constate du mouvement littéraire que faisait éclore l'aurore du règne de Louis-le-Grand.

« Tout le monde est d'accord que la cour est la source des « belles choses, le centre où tout ce qu'il y a d'excellent dans « le royaume aboutit..... Mais on advoüe aussi que les pro- « vinces et les villes ne sont pas si absolument dépourvues « d'honnêtes gens qu'on n'y rencontre des hommes qui va- « lent autant qu'il se peut, et qui, pour n'affecter de se pro- « duire dans le beau monde, ne laissent pas d'avoir des qua- « lités..... Il est donc constant qu'il y a grand nombre de po- « lis et sçavants esprits, et que parmi les lieux qui ont pro- « duit souvent et des uns et des autres, on peut compter « Apt pour celuy qui nous en a donné le plus..... Aussi lit- « on dans un historien que les habitans de ceste petite cité « ont hérité des dons de l'âme et du corps du grand Iules « César, qui en a esté le parrain et le maistre..... Mais sans « m'arrester aux éloges qui sont dus à ce lieu, ie me con- « tente de vous dire qu'il y a beaucoup de ieunes gens qui « sont studieux et qui sçavent les belles choses. Sans doute, « quelqu'un de vous se sera rencontré aux conférences d'une « Académie qu'ils avoient dressée, il y a un an..... »

L'Académie aptésienne vécut *ce que vivent les roses*, au- rait dit son aïeul Malherbe, la plupart des jeunes gens qui la composaient ayant été peu après « appelés à des emplois de « guerre ou de iustice. » Mais c'était une précieuse semence qui ne devait pas tarder de porter ses fruits, en inspirant à la jeunesse le goût des lettres et des études sérieuses, de préfé-

(1) A Aix, chez Jean Roize, petit in-4° de 15 pages, 1648.

rence aux exercices du corps qui, jusque-là, absorbaient presque uniquement les loisirs de la jeune noblesse.

Contentons-nous de mentionner quelques-uns des Aptésiens qui, dans le courant de ce siècle, se firent un nom plus ou moins illustre dans les diverses parties dont se composait la république des lettres, république qui parfois n'est pas moins turbulente que l'autre, et qui renfermait dans ses domaines la science ecclésiastique, la littérature, le droit et l'histoire. Je ne me flatte pas que la liste suivante soit complète.

Parmi les membres probables de l'Académie aptésienne, un érudit dont j'aime à invoquer le témoignage, signale : l'évêque d'Apt, le baron de Céreste, Gautier de Grambois, Louis de Pontevès, marquis de Buous, Honoré de Thomas-Millaud, premier consul, et peut-être Mervesin lui-même (1).

Entre les autres personnages plus ou moins littérateurs que produisit notre ville, qu'il nous suffise de nommer :

Le Jésuite Cortasse, né à Apt, le 21 mai 1681, profond théologien, très-versé dans les langues grecque et hébraïque et cité comme un des grands prédicateurs en un siècle où la chaire chrétienne avait atteint son apogée.

Le Cordelier François Carrière, auteur de volumineux infolio sur la théologie et l'Écriture-Sainte ; il était mort vers 1665.

Raymond de Pellas, trinitaire, théologien et prédicateur, honoré de l'amitié de du Puget, évêque de Marseille.

Le Cordelier Elzéar Borely, moins oublié de nos jours que les précédents, grâce à sa *Vie de sainte Dauphine*, qui a eu récemment les honneurs d'une troisième édition.

Jean-Jacques Provençal, prêtre-bénéficier de la cathédrale, duquel Remerville dit que : « Il ne se rendit pas moins « célèbre dans la connaissance de l'antiquité que dans l'étude « des belles-lettres. »

(1) *Du sonnet et des sonnettistes aptésiens*, pag. 16.

André Marmet de Valcroissant, qui, à l'âge de vingt ans (1655), publia un *Recueil de poésies* qui sont loin d'égaler celles d'Annibal d'Ortigue, son aïeul.

Pierre d'Ortigue de Vauxmorières, qui composa plusieurs romans estimés. Mlle de Scudéry, la *Sapho* du Parnasse français, fait un bel éloge des qualités de cœur et d'esprit qui distinguaient notre Aptésien.

Cette liste serait trop incomplète si j'omettais d'y ajouter Georges et Madeleine de Scudéry, qui ont passé à la postérité, grâce à Boileau plus qu'à leurs œuvres. Dans l'énumération que fait Remerville des Aptésiens illustres, il n'a garde d'oublier la fameuse demoiselle :

« Madeleine d'Escudéry, dit-il, vivant encore à Paris en « réputation d'une des plus spirituelles filles du siècle, tire « son origine d'une famille que la ville d'Apt se flatte d'avoir « comptée parmi ses citoyens, a gagné souvent le prix à « l'Académie par des ouvrages qui rendent son nom immortel. »

Nés au Hâvre de parents aptésiens, le frère et la sœur avaient passé leur enfance et une partie de leur adolescence dans notre ville, chez une tante de nom patronymique.

Bornons-nous à nommer rapidement le P. Bailly, cordelier ; le chanoine Pierre Marmet de Valcroissant, auteur de *La Mission de saint Auspice* ; Rampalle, théologal de l'église d'Apt ; le prévôt Bermond de Vachères ; Antoine Provençal ; les cordeliers Louis Archias, Pol Andiol et Étienne Icard ; enfin, le chartreux Charles Meynier, antiquaire et numismate. Nous aurons à parler, dans la suite, de deux aptésiens moins oubliés, Grossi et Mervesin ; mais tous ces noms montrent déjà suffisamment quelle était l'activité de vie intellectuelle qui se déployait dans ce petit coin de la Provence, caché comme un nid d'oiseau entre les hautes cimes du Luberon et celles des montagnes de La Garde. Je n'ai certes pas la prétention de trouver là l'Hélicon ou le

Parnasse ; les sources de Rocsalière ne me feront pas oublier les cascatelles de Tibur, et le Calavon n'aura jamais
l'importance de l'Alphée, du Tibre ou de la Seine. Je voudrais montrer seulement ce que l'étude des choses sérieuses, et surtout l'amour du sol natal, de ce sol que les anciens
nommaient si bien *alma tellus*, a pu faire entreprendre
à un seul homme qui a su, au fond d'une petite ville de
province, réunir sur sa tête la gloire de l'historien, du
littérateur et du poète.

Grâce à un bon nombre de documents, la plupart inédits,
conservés à la bibliothèque publique de Carpentras (1), j'ai
pu reconstituer, à peu près de toutes pièces, le type assez original de celui qu'on a surnommé l'*Hérodote aptésien*.

Nous envisagerons successivement en Remerville l'homme, l'historien, le critique et le poète. Cette division m'a
paru la plus propre à nous donner une idée assez exacte du
personnage et de ses œuvres.

---

(1) C'est un devoir, pour l'auteur de ces pages, de s'acquitter d'une
dette de reconnaissance envers l'honorable et intelligent conservateur
de la bibliothèque d'Inguimbert, M. Barrès, dont le concours obligeant
lui a de beaucoup facilité les recherches qu'a nécessitées la composition de ce mémoire.

I

L'HOMME

Ce n'est pas une biographie de Remerville que je me propose de donner dans la première partie de ce mémoire. Personne, que je sache, n'ayant encore fait ce travail, l'entreprendre serait hasardeux après un siècle et demi écoulé depuis la mort du personnage. Nous nous contenterons donc de relever quelques dates, quelques traits principaux que l'histoire a sauvés de l'oubli ; nous essaierons surtout de nous faire une idée de la physionomie morale de l'Hérodote aptésien.

La famille de Remerville était originaire du lieu de ce nom en Lorraine, et possédait dans cette province plusieurs terres, fiefs et seigneuries. Guillaume de Remerville, fils de Jean-Guillaume, suivit en Provence le roi René d'Anjou, qui le pourvut d'une charge de conseiller et secrétaire d'État, par lettres-patentes données à Aubagne, le 21 septembre 1466 ; il fut créé trésorier général des finances, le 2 janvier 1472. Sept ans plus tard, Guillaume de Remerville fut pourvu de l'office de maître-rational en la Cour des Comptes à Aix. Après la mort de son bienfaiteur, il suivit le parti d'Yolande d'Aragon, fille de René, vit pour ce fait ses biens confisqués, sa maison d'Aix pillée et son office supprimé. Enfin, grâce à René II, duc de Lorraine, et fils d'Yolande, il obtint la liberté de rentrer en Provence. Une partie de ses biens lui furent rendus, et il se retira à Apt, où il épousa le 8 septembre 1484, Catherine de Corage, fille et héritière universelle de noble Pierre de Corage et de Jeanne de Sade.

Guillaume fit souche à Apt. Ses descendants s'allièrent aux familles d'Autric, de Rousset, de Cardebat de Bot, de Massargues ; c'étaient les meilleures familles de la province. C'est du mariage de François-Antoine, avec noble damoiselle Isabeau de Massargues (1), que naquit trois ans plus tard, en 1650, Joseph-François de Remerville (2).

Quoique issu d'une famille qui s'était distinguée de tout temps dans la carrière des armes, il ne paraît pas que notre auteur ait jamais porté autre chose que la rapière de parade des gentilshommes de son temps. Nous avons peu de détails sur les premières années de sa vie. En 1668, la noblesse de la famille de Remerville fut maintenue par arrêt des commissaires-députés pour la vérification des titres. Au reste, il avoue lui-même que son éducation fut assez négligée et qu'il ne s'appliqua qu'assez tard à l'étude de l'histoire et au culte de la poésie ; mais la nature et le *labor improbus* devaient suppléer à ce qui lui manqua du côté de l'éducation première. Comme tant d'autres beaux esprits de tous les temps, comme La Fontaine en particulier, Remerville hésita longtemps avant de trouver sa voie.

Le 4 octobre 1682, il épousait Jeanne-Bernardine de Thomas de Gignac, fille de noble Melchior de Thomas, seigneur de Gignac et de Roquefure, et de dame Anne de Pélissier. Il eut onze enfants de ce mariage, cinq fils et six filles ; plusieurs moururent en bas-âge. De ceux qui survécurent, Jacques-Jean-Baptiste, l'aîné, se fit prêtre, et fut pourvu, le 12 février 1731, de la chapellenie des saints Auspice, Castor et Vincent, en l'église cathédrale ; il mourut vers 1750. Vincent, qui est marqué le cinquième dans la généalogie dressée par notre auteur lui-même, suivit la carrière des armes, à l'exemple de ses ancêtres, et fut tué à l'attaque des retran-

---

(1) 27 octobre 1647 (notaire de Gadret).

(2) Les armes de Remerville sont : d'argent au lion issant de sable, armé et lampassé de gueules, coupé d'azur fretté d'argent. Devise : *Aderit vocatus Apollo*.

chements de Dantzick (1734) ; François de Sales ne se maria pas ; Jean-Guillaume suivit comme Vincent, son cadet, la carrière des armes, devint capitaine au régiment de la Couronne, et se maria, le 27 juillet 1734, avec Catherine de Beillard ; il en eut une fille, Marie de Remerville, qui se fit religieuse au couvent de la Visitation d'Apt (1). Le voile était de tradition pour les filles de cette famille, comme l'épée pour les garçons.

Des deux filles de Joseph-François de Remerville, dont le souvenir a été conservé, l'une mourut religieuse, l'autre, Honorade, reçue à St-Cyr, en 1698, après avoir fait ses preuves, fut mariée dans la maison de Chastan-Vachères.

C'est probablement à dater de son mariage que notre auteur habita plus ordinairement le domaine de Saint-Quentin, dont sa famille était propriétaire : c'est comme seigneur de Saint-Quentin que Remerville fut le plus communément désigné de son vivant. Situé dans cette vallée étroite et pittoresque du Calavon, qui, des murs de la ville d'Apt, court du couchant au levant, jusque vers Céreste, Saint-Quentin devint, pendant la belle saison, le séjour habituel de Remerville. Il faut avouer que le site était merveilleusement choisi pour un homme de réflexion et d'étude. A portée de ses amis d'Apt, à deux pas de l'antique et remarquable abbaye de Saint-Eusèbe, dont le titulaire, René Billes de Pradalouet, entretenait avec lui un commerce d'amitié et d'érudition, notre savant pouvait facilement unir tous les agréments d'une société choisie à tous les charmes d'une solitude animée par la présence d'une compagne et les gazouillements de nombreux enfants. L'éducation de sa famille, l'étude consciencieuse de l'histoire, et en particulier de l'histoire de son pays,

---

(1) La famille de Remerville a donné plusieurs religieuses à ce couvent, entre autres trois sœurs de notre savant, Marguerite, Jeanne qui fut supérieure, en 1692, et Madeleine, dont il a soin de dire qu'elle mourut en odeur de sainteté.

occupèrent dès lors la majeure partie de ses laborieuses
journées.

Une lettre qu'il écrit à Castellane d'Auzet (1), le 5 août
1697, nous initie à la vie intime de ce rude savant :

« Je vous advoue, lui dit-il, que je fais de cette estude
« (l'étude des vieilles chartes) ma principale occupation,
« surtout lorsque je me trouve à la campagne où je suis à
« présent ; je partage ma journée entre mes chartes et ma
« famille, c'est-à-dire que je suis la moitié du jour à déchif-
« frer quelque vieille pancarte, et l'autre moitié je badine
« avec mes enfants. De plus grands hommes que nous se
« sont quelquefois délassés de cette manière, »

Suit une bonne demi-page d'exemples fournis par l'histoire ; il continue :

« Si malgré de si grands exemples, vous vous mocquez de
« ma faiblesse, je vous répondray ce que dit Agésilaüs, roy
« des Lacédémoniens, à un de ses amis qui se mocquoit de
« le voir courir à califourchon sur un baston, avec son fils
« qui étoit encor jeune : il le pria de ne le dire jusqu'à ce
« qu'il fût père. Ou si vous croyez cette occupation indigne

(1) Il sera souvent question de Castellane d'Auzet dans le cours de
ce travail. Issu de l'ancienne famille de Castellane, il contracta avec
Remerville une de ces fortes amitiés qui se fondent sur la communauté des sentiments et des goûts. Comme Remerville, d'Auzet s'occupait volontiers d'histoire ou de poésie : il avait entrepris entre autres
choses, un grand travail sur les origines de sa famille. Les deux amis
prirent pour règle de se communiquer mutuellement tous leurs travaux
et d'échanger leurs observations sans faiblesse : de là un commerce
épistolaire qui dura quinze ou vingt ans, probablement jusqu'à la mort
de d'Auzet. Le recueil de ces lettres dont, le plus souvent, chacun
des deux correspondants gardait une copie, est arrivé jusqu'à nous. La
bibliothèque Méjanes d'Aix en a un volume, celle de Carpentras en
conserve deux ; c'est là que l'auteur de ce mémoire a puisé la plus
grande partie des matériaux qui lui ont permis de mener ce travail à
bonne fin. Remerville alla plusieurs fois voir Castellane d'Auzet à
Aix, où il passait l'hiver ; pendant l'été, il habitait une maison de campagne à Gréasque, près Roquevaire.

« d'un chercheur d'antiquaille, j'appelleray un sage à mon
« secours : c'est Héraclite, lequel après avoir quitté le gou-
« vernement des affaires publiques pour vacquer à la phi-
« losophie, s'amusoit à badiner avec les enfants d'Éphèse,
« proche le temple de Diane..... »

Remerville aimait beaucoup les loisirs de la vie à la campagne ; il ne dédaigna pas de les chanter en vers. Le 13
septembre 1696, il écrivait à son correspondant ordinaire :

« Je suis ravy, mon cher Monsieur, de trouver en vous
« un partisan de la vie campagnarde. J'en ay si bien gousté
« les douceurs pendant une partie de l'esté, qu'il ne tiendroit
« pas à moy qu'on ne vît revenir l'ancien usage des Gaules
« qui ne permettoit pas aux gentilshommes d'habiter dans les
« villes closes. Dans un de ces jours de repos et de quiétude
« qu'on trouve seulement dans quelque agréable solitude, il
« me prit envie de versifier. Il y avoit si longtemps que je
« n'avois eu aucun commerce avec les Muses, que j'ay eu
« beaucoup de peine à venir à bout d'une espèce de satyre
« contre le séjour des villes..... »

Nous parlerons plus tard de cette pièce : les citations pré-
cédentes, qu'il eût été facile de multiplier, nous montrent
comment, en Remerville, l'érudition du savant n'étouffait ni
la tendresse du père ni l'esprit du poète.

J'ai dit tantôt ce que devinrent ses enfants : la bonne éducation qu'ils reçurent les mit à même de figurer honorable-
ment dans le monde. Le 3 avril 1713, J.-Henri Lombard
de Gourdon, poète et orateur de renom, qui se fit connaître
à Paris de Furetière, Boileau et La Fontaine, et devint lieu-
tenant-général du siège de Grasse, sa patrie, et, dans la suite,
second président du Sénat de Nice, Gourdon, dis-je, écrit à
Remerville, qu'il traite de cousin :

« Je ne fais que d'arriver des isles de Lérins, où j'ay eu
« le plaisir de voir M. de Roquefure et d'embrasser M. vo-
« tre fils. J'ây été surpris de voir ce jeune gentilhomme si

« bien fait et si sage, et qui parle à propos et avec esprit ; il
« est très-bien élevé et fait beaucoup d'honneur à sa fa-
« mille. »

Nous verrons, dans la suite de ce travail, que les correspondants de Remerville ne lui épargnaient pas toujours les
compliments ; mais il est difficile de croire que jamais com-
pliment lui ait été plus agréable que celui-ci.

Il est une autre famille à laquelle tout bon citoyen consa-
cre une partie de ses affections, c'est la famille municipale.
Ces funestes divisions de parti, le vrai fléau des temps modernes, avaient disparu en grande partie sous la forte main
de Louis XIV : la vie municipale se développait en province
avec son originalité, son esprit parfois mesquin et tracassier,
mais toujours patriotique. Les études de l'érudit, l'éducation
d'une nombreuse famille n'empêchèrent pas Remerville de
consacrer une partie de son temps aux affaires actuelles d'une
ville dont l'histoire lui était si familière. En 1708, il faisait
partie du conseil de la communauté qui essaya vainement de
s'opposer à l'aliénation d'une partie du trésor de sainte Anne,
dont l'évêque fit servir le produit aux réparations urgentes
de la cathédrale.

Mais c'est surtout le savant, le littérateur, que je veux
m'attacher à mettre en lumière dans cette étude. J'ai dit
plus haut, d'après le propre témoignage de Remerville, combien son éducation première avait été incomplète ; cependant dès l'année 1682, c'est-à-dire à l'âge de trente-deux ans,
il faisait son entrée dans le monde savant par une étude critique sur la vie de saint Castor, évêque d'Apt, qui parut
dans les *Pièces fugitives* de d'Aiglemont, en 1705. Cet ouvrage n'annonçait pas encore le savant dont l'opinion ne
tarderait pas à faire autorité dans le monde des lettres : il eut
au moins l'avantage de révéler sa vocation à Remerville et
de le mettre dans sa voie. Dès ce moment, en effet, il se mit
tout de bon à débrouiller le chaos qu'offrait l'histoire de sa

patrie, et dans ce travail il trouva la principale occupation et le charme de sa vie. C'est qu'en effet dans ses ouvrages, comme dans ses goûts et ses préférences, Remerville est essentiellement provençal et aptésien : ce n'est pas que parfois l'occasion ne l'entraîne hors de ce cercle préféré ; mais il ne tarde guère à y revenir. C'est dans l'intervalle de 1682 à 1710, que notre auteur composa la plupart des ouvrages qui lui valurent, parmi les érudits de son temps, une réputation si légitime, et qui, après deux siècles, restent comme des monuments de ce que peut lá patience et la pénétration d'un seul homme.

Sans pouvoir l'affirmer absolument, je tends à croire que l'*Histoire de la ville d'Apt* est, dans l'ordre chronologique, le premier des grands travaux de Remerville. Le premier manuscrit qui fut complété par plusieurs copies subséquentes, porte la date de 1692. Les nombreuses recherches que nécessita la composition de ce travail, inspirèrent à Castellane d'Auzet, auquel il soumettait fidèlement ses difficultés et ses découvertes, la pensée de conseiller à son ami de faire la collection de toutes les chartes qu'il citait dans son ouvrage, en les accompagnant de notes explicatives. De cette pensée, facilement acceptée par Remerville, est sorti son *Cartulaire*, celui de ses ouvrages qu'il a le plus longtemps et le plus soigneusement travaillé. Il se mit à l'œuvre au commencement de 1696 ; deux ans après, il le soumet à l'examen de son ami, en lui disant qu'il ne manque plus que la préface, dont il va s'occuper. Et néanmoins, trente ans plus tard, le 16 octobre 1728, Thomassin de Mazaugues lui écrivait :

« J'attends de vous renvoyer vostre *Cartulaire* que nous « ayons fini la révision de quelques chartes ; puisque vous « avez commencé à vous charger de ce travail, il faudra bien « voir, s'il vous plaît, de le conduire jusqu'à la fin. »

Ce grand travail, en effet, fut complètement remanié par notre infatigable travailleur.

Parmi les collaborateurs qui furent d'un puissant secours à Remerville, il est juste de mentionner le chanoine Christol, théologal de l'église d'Apt, homme qui joignait une complaisance à toute épreuve, à une érudition sérieuse. C'est dans les archives de l'église d'Apt, en effet, que Remerville puisait une grande partie de ses documents : or, les vénérables chanoines gardiens des archives, n'étaient pas toujours disposés à permettre au seigneur de Saint-Quentin, de toucher à un trésor dont la plupart paraissaient ne guère connaître le prix.

« Nos chanoines sont d'étranges gens «, écrivait un jour Remerville dans un moment de mauvaise humeur : « il faut « les laisser avec leurs archives..... S'ils savoient lire et s'ils « entendoient le latin, ils verroient bien que cela n'a pas de « rapport aux affaires qu'ils peuvent avoir, et qu'il leur est « glorieux que leur *Cartulaire* soit connu. »

Cependant l'histoire de sa ville natale ne suffisant pas à l'activité de son esprit, Remerville se mit à écrire une *Histoire généalogique des Comtes de Provence*. Je ne sache pas que cet ouvrage ait été, jusqu'à ce jour, signalé par les biographes : notre auteur en parle pourtant en plusieurs passages de sa correspondance. Le 15 juin 1696, il écrit à son correspondant ordinaire :

« A présent que je suis libre et que j'ai enfin mis la con- « clusion à l'*Histoire généalogique des Comtes de Provence*, « je puis m'occuper au dessein que vous m'avez inspiré... »

Un peu plus tard d'Auzet lui écrivait :

« Tous ceux qui s'intéressent à l'honneur de la Provence « doivent souhaiter de voir l'*Histoire généalogique* de nos « Comtes de la main d'un écrivain aussi exact et aussi poli « que vous l'êtes. »

C'est à peu près vers la même époque (1696 à 1698) qu'il faut placer la fameuse querelle entre Remerville et l'évêque d'Apt. Joseph-Ignace de Foresta de Collongue fut un des plus illustres prélats de son siècle : il porta vaillamment le drapeau de l'orthodoxie dans les interminables disputes que la secte janséniste suscita à l'occasion de la bulle *Unigenitus;* le peuple d'Apt n'a pas oublié le dévouement héroïque de l'émule de Belzunce pendant la peste de 1721.

Dès la première année de son pontificat (1696), l'évêque d'Apt entra en relations avec Remerville ; ces relations basées sur la communauté des goûts scientifiques et littéraires furent d'abord des plus cordiales ; l'évêque et le savant se voyaient fréquemment, se communiquaient leurs poésies et faisaient échange d'observations critiques. Une malheureuse affaire qui ressortissait du droit canonique plutôt que de la poésie, vint bientôt rompre ce bon accord. Dans son zèle un peu vif, l'évêque d'Apt voulut corriger certains abus qui régnaient dans l'abbaye de Sainte-Croix, de l'ordre de Cîteaux, situé dans l'enceinte de la ville épiscopale. L'abbesse de Sainte-Croix, Claude-Françoise de Lenai, refusa de reconnaître la juridiction de l'évêque ; Remerville prit parti pour l'abbesse et composa un mémoire pour soutenir les prétentions de celle-ci. Suivant les usages assez étranges de l'époque, cette affaire, toute de discipline ecclésiastique, fut portée devant le Parlement de Provence, qui donna gain de cause à l'abbesse de Sainte-Croix ; mais dans l'intervalle, l'évêque, à la date du 10 novembre 1698, avait écrit une instruction pastorale fort remarquable, dans laquelle l'auteur du mémoire était traité assez durement, et, il faut l'avouer, assez justement (1). Malheureusement, le prélat qui se piquait de littérature n'en resta pas là ; du terrain juridique la querelle ne tarda pas à tomber dans le domaine de la poésie satirique. Des pièces de vers anonymes, mais dont l'auteur avait de la peine à se dissimuler entièrement, ne tardèrent pas à circu-

(1) L'abbé Boze, dans son *Histoirede l'église d'Apt*, p. 322 et suiv. donne l'analyse et quelques extraits de ce document.

ler dans le public ; l'une était en provençal, les malins crurent y reconnaître le patois marseillais. Le prélat s'en prenait surtout à une société composée de quelques amis qu'il croyait hostiles à sa personne :

« L'évêque », écrivait Remerville, le 20 mai 1698, « croit « que l'on médit de lui dans une société composé de MM. de « Beaumettes, de Besaure, Dupuy aîné et cadet, de Ripert de « Monclar, de Montguers, de Valcroissant et moy. Voyez si « nous sommes là des gens capables de médire de M. l'évê- « que. »

L'historien répondit ; le prélat répliqua ; les hostilités durèrent ainsi un certain temps (1). Le 13 juillet 1698, d'Auzet exprimait à Remerville son étonnement de ce que l'évêque avait fait imprimer sa satire.

« Personne ne peut vous condamner de répondre », ajoutait-il, « mais il ne faut pas paraître l'agresseur..... On avoit « parlé d'un accommodement, à condition qu'il ne seroit plus « parlé de vers de part ni d'autre. J'espère que cela se fera « et que votre adversaire ne s'attirera plus sur les bras « *genus irritabile vatum.* »

La gent irritable resta piquée pendant quelque temps encore ; enfin, la paix se fit vers le commencement de 1699 ; en mars 1700, il n'était plus question de rien. Il y a lieu de croire que la réconciliation fut sincère ; de plus graves souçis demandaient tout le temps et tout le talent des deux adversaires. Quelques années plus tard, Henri-Lombard de Gourdon écrivait à notre savant :

« Je ne vous crois pas plus malheureux, quoique vous « n'ayez que Mgr votre évêque qui soit capable de soûtenir « vostre conversation et de goûter la beauté de vos ouvrages. »

---

(1) Nous donnerons dans la troisième partie de ce mémoire quelques extraits inédits des pièces qui furent publiées pendant cette guerre à coups de plume.

Entre temps, toujours infatigable, le seigneur de Saint-Quentin faisait marcher de pair ses travaux historiques avec ses poésies légères. En 1797, le P. Ménestrier, savant jésuite, avec lequel il était en correspondance, lui avait jeté une espèce de défi de justifier la légitimité du culte que la ville d'Apt rend, de temps immémorial, aux reliques de sainte Anne. Ce fut, pour notre auteur, l'occasion d'un de ses ouvrages les plus sérieux. Le 1er décembre de cette année il était terminé et envoyé à l'Aristarque ordinaire pour avoir son avis « tant sur le stile que pour toute la tissure de « l'ouvrage. » D'Auzet répondit par une lettre très-savante et très-peu connue, dans laquelle il examine avec autant d'érudition que d'esprit la *Dissertation historique sur les reliques de sainte Anne.*

Après ce travail vient, dans l'ordre chronologique, la grande et belle *Vie de saint Elzéar ;* un tel sujet devait tenter naturellement un écrivain aussi provençal et aussi aptésien que l'était Rémerville. Elle était terminée au commencement de 1700, et d'Auzet s'occupait de lui trouver un imprimeur à Aix. L'affaire traîna en longueur ; le 26 décembre 1705, il n'avait pas encore abouti, et quand enfin le livre eut trouvé un éditeur, les épreuves, comme on le sait, périrent dans un incendie.

C'est en 1702 que M. de Saint-Quentin soutint avec Pierre Galaup de Chasteuil une lutte assez vive contre Pierre-Joseph de Haitze et Ruffi, à propos de la *Lettre critique de Sextius le Salyen à Euxénus le Marseillois.* Nous reviendrons sur cet épisode de la vie de notre auteur dans la troisième partie de cette étude.

En 1704, Remerville publiait pour la première fois les actes et les canons du Concile d'Apt de 1365, qu'on surnomma le Concile des trois provinces, parce que s'y trouvèrent réunis les évêques des trois provinces ecclésiastiques d'Aix,

d'Arles et d'Embrun. Les actes de cette assemblée célèbre ont été, depuis, insérés dans diverses collections.

En 1705, le recueil des *Pièces fugitives* insérait la *Dissertation sur les Albici*, dans laquelle le savant écrivain attaquait le sentiment des PP. Sirmond et Hardouin qui plaçaient ce peuple dans les montagnes des environs de Riez, tandis que Remerville leur assignait pour séjour, soit le plateau des Claparèdes, soit les montagnes des environs de Sault. *Les Mémoires de Trévoux* critiquèrent cette opinion ; il répliqua, comme nous le verrons plus tard.

A cette époque, le nom de Remerville avait franchi les limites de la Provence et faisait autorité dans le monde littéraire et savant. Pierre Galaup de Chasteuil, dont nous venons de parler, critique et poète de renom (1), venait de composer l'*Histoire des Troubadours*, à laquelle il ajouta l'histoire des poètes provençaux : « Il y a mis vostre éloge « et le mien », écrivait à Remerville M. de Gourdon, à la date du 5 mars 1704, « c'est-à-dire qu'il me fait grâce en « vous faisant justice. » Telle était la réputation de notre aptésien que, lorsque, en 1705, il critiqua l'*Histoire de la poésie française* de Mervesin, cette dispute attira l'attention des savants. Du fond de l'Allemagne, le *Journal de Hambourg*, disait en avril 1707 que M. de Remerville Saint-Quentin, déjà bien connu des érudits, venait de critiquer l'ouvrage de Mervesin ; puis le bon allemand ajoutait avec complaisance que la famille de Remerville était originaire de Lorraine (2).

---

(1) La biographie des *Hommes illustres de Provence*, d'Achard, cite de lui une ode provençale à l'occasion de la prise de Maëstrick, qui prouve que l'étude de notre littérature méridionale était loin d'être absorbée, à cette époque, par la littérature du Nord dans son plein épanouissement. L'*Histoire des Troubadours* est restée manuscrite.

(2) *D. N. de Remerville Saint-Quintin, pluribus jam scriptis inter eruditos notus ..... Authoris familiâ ex Lotharingia ortum ducit..... et D. de Saint-Quintin qui tractatus auctor est, Aptæ commoratur.*

Les poésies de Remerville sont un peu de toutes les épo-
ques ; je dirai plus tard comment, sans faire jamais de la
poésie son occupation principale, il aima à rendre la Muse
compagne habituelle de ses délassements. L'*Ode à la louange
de la Provence* parait avoir été écrite en 1690 ; la *Satire
contre le séjour des villes* est du mois de septembre 1696 ;
une ballade imitée de Deshoulières, qui ne nous est pas par-
venue, est de 1700 ; le poème de l'*Autel despouillé et restably*, commencé vers 1710, fut lu dans un salon d'Apt en
1724 ; l'*Ode au Maréchal de Villars* est de 1713 ; le *Noël
provençal* est de 1717, et l'*Ode à la Vieillesse* fut écrite en
1729.

Sans avoir pu m'en assurer encore, je serais tenté de
croire que l'*Histoire de l'Église d'Apt* est chronologiquement postérieure à la plupart des grands ouvrages dont nous
venons de parler. Il n'en est pas question dans la volumi-
neuse correspondance de l'auteur, avant l'année 1717. Les
matériaux en étaient rassemblés depuis longtemps, mais
l'ouvrier ne voulut pas mettre la main à l'œuvre avant de les
avoir étudiés à loisir ; c'est ainsi qu'il put y faire entrer en
tout ou en partie plusieurs de ses ouvrages antérieurs : la
Dissertation sur saint Castor et saint Léonce, plusieurs
épisodes de la *Vie de saint Elzéar*, et enfin la *Dissertation sur les reliques de sainte Anne*, composée depuis longtemps et qui forme le VII⁰ livre de cette *Histoire*.

C'est après la rédaction de l'*Histoire de l'église d'Apt* que
l'auteur mit la dernière main à son *Cartulaire*, dont il fixa le
titre et disposa le plan de manière à en faire comme le recueil
des pièces justificatives de cette histoire. Nous avons vu qu'en
1728 cet ouvrage n'était pas encore complètement terminé.
Ainsi, jusqu'à la dernière vieillesse, notre laborieux écrivain
conserva ses habitudes austères de travail.

La renommée qu'il ne cherchait point était venue le trouver dans sa modeste demeure de Saint-Quentin. Les esprits les

plus cultivés entretenaient des rapports de lettres et d'amitié avec lui. Outre ceux qui ont été cités si fréquemment dans le courant de cette étude, Castellane d'Auzet, Henri Lombard de Gourdon, Galaup de Chasteuil, Thomassin de Mazaugues, et autres, le studieux seigneur de Saint-Quentin était en relations plus ou moins suivies avec de Ruffi, le savant Pagi, Cordelier, Guintrandy, avocat à Avignon, Raybaud d'Arles, Piganiol de la Force, à Paris, Le Bret, intendant en Provence, le marquis de Buoux, Antelmi, prévôt de l'église de Fréjus, l'abbé d'Ardène qui, dans sa dernière dispute avec Mervesin, lui adressait une pièce de vers fort curieuse. Ses décisions en fait d'histoire faisaient foi parmi les savants ; les *Mémoires de Trévoux*, la revue la plus estimée de l'époque, s'occupèrent plusieurs fois de lui, et il est souvent cité avec éloge dans les deux ouvrages de science ecclésiastique qui feront le plus d'honneur au grand siècle ; le *Gallia christiana* et les *Acta sanctorum.*

En 1728, l'Académie de Marseille recevait au nombre de ses membres le savant Aptésien, qui faisait honneur non-seulement à sa ville natale, mais à toute la Provence.

Thomassin de Mazaugues lui écrivant à cette occasion, le 16 octobre de la même année, reconnaissait que l'Académie de Marseille s'honorait et voulait s'illustrer en s'agrégeant des sujets tels que lui :

« Sans adhérer aux raisons que vostre modestie vous ins-
« pire, » continuait-il, « et indépendamment de ce qui vous
« a manqué du costé de l'éducation, vous avez bien remplacé
« ce désavantage par vos soins, par une application très-la-
« borieuse et par vostre génie. Le discours que vous avez
« faict sur vostre réception en est une bonne preuve. »

Tel est l'hommage que rendait cet illustre connaisseur au talent et surtout à la modestie de notre savant, car de toutes les qualités du mérite, celui-ci avait surtout la modestie :

« Je ne mérite nullement les éloges dont vous m'honorez »,

écrivait-il à l'un de ses correspondants qui ne lui avait pas
épargné les compliments. « Parmy mille méchantes qualités
« j'en ay une bonne, Dieu merci : c'est celle de me connois-
« tre parfaitement. Mais quoique je n'aye jamais été tenté de
« vaine gloire, les louanges qui partent d'une main comme
« la vostre pourroient bien me gâter à la fin, si vous n'avez
« pas la charité de m'épargner. Laissez-moi, s'il vous plaît,
« l'opinion de mon ignorance : je la préfère à la vanité de
« me croire habile homme mal à propos. »

Ce même sentiment se retrouve souvent dans sa correspondance : l'empressement avec lequel il recherche la critique, la déférence avec laquelle il la reçoit, témoignent suffisamment de cette qualité si précieuse et si rare dans un savant.

Est-il besoin d'ajouter que Remerville était profondément
chrétien ? La majeure partie de ses veilles a été consacrée à
l'histoire religieuse de sa ville natale ; il a pris à cœur de faire
connaître les saints qui l'ont illustrée, les pontifes qui ont pré-
sidé à ses destinées ; dans tous les jugements qu'il porte on
sent que la foi du chrétien a dirigé la plume impartiale de
l'historien. Nous le verrons dans la suite de cette étude, écrivant
vant sur les matières les plus arides de la science théologique
avec la sûreté d'un docteur et la verve d'un poète ; ses démèlés
avec son évêque, quelque regrettables qu'ils aient été, ne
sortirent pas du terrain juridique et littéraire. et ne tardèrent pas d'ailleurs de faire place à une réconciliation complète.

La mort vint briser cette modeste et laborieuse carrière, le
7 juillet 1730. Joseph-François de Remerville, sieur de Saint-
Quentin, écuyer de la ville d'Apt, était âgé de quatre-vingts
ans,

Un amateur de la ville d'Apt, conserve son portrait peint à
l'huile. Cette figure de gentilhomme, grand, maigre, aux lè-
vres un peu pincées, au regard fin et intelligent, répond à l'i-

dée qu'on peut se faire de lui à la lecture de ses ouvrages. Hors le temps de son séjour à Saint-Quentin, il habitait, dit-on, la maison qui forme l'angle de la rue Ste-Delphine et de la place du Postel.

La reconnaissance de ses concitoyens accompagna au delà de la tombe le modeste et savant écrivain ; le surnom d'*Hérodote aptésien* le désigne de nos jours encore au souvenir de la cité, à la gloire de laquelle il consacra tant de veilles. Grâce à Remerville, Apt a une histoire : que de cités plus importantes peuvent le lui envier !

Mais l'homme ne se juge vraiment que d'après ses œuvres ; arrivons-en donc à l'appréciation aussi succincte, mais aussi fidèle que possible de ceux des ouvrages de l'illustre Aptésien qu'il m'a été permis d'étudier. Je serai forcément incomplet, car bien des choses ont été perdues depuis un siècle et demi ; ce qui nous reste nous permettra du moins d'apprécier l'écrivain et de regretter ce qui nous manque.

II

L'HISTORIEN

Ce n'est pas un faible mérite que d'écrire une histoire locale, de l'écrire surtout d'une manière toujours exacte et toujours intéressante. L'homme qui veut se vouer au labeur ingrat d'une histoire locale doit bien se dire qu'il aura à vaincre des difficultés de plusieurs sortes : l'incertitude des origines qui, souvent obscures pour les empires eux-mêmes, offrent presque toujours un problème insoluble quand il s'agit d'une petite ville ; le peu d'attrait que peuvent présenter des évènements ne s'éloignant guère du cercle restreint qui a un clocher pour centre et deux ou trois lieues à peine de rayon ; par suite, la monotonie d'un récit qui n'a pas, pour captiver l'attention, les scènes dramatiques, les points de vue élevés qui font l'intérêt de la grande histoire ; enfin, un certain air étroit et méticuleux bien difficile à éviter, car l'écrivain se voit obligé, par le cadre même de son sujet, d'entrer dans ces petits détails, ces anecdotes quasi insignifiantes dont n'a que faire l'histoire générale.

Remerville connaissait bien tous ces dangers d'une monographie locale : des horizons plus étendus s'offraient d'eux-mêmes à l'activité de son génie ; dans ce champ si peu défriché encore de l'histoire générale ou même de l'histoire de Provence, rien ne lui eût été plus facile que de se creuser un sillon glorieux. L'amour du sol natal l'emporta sur la passion de la gloire ; il voulut être, il a été avant toutes choses, l'historien de la ville d'Apt.

Pour rendre à chacun ce qui lui revient, il est juste de dire que notre auteur eut la bonne fortune de trouver un devancier qui lui avait frayé la voie, et dont il put suivre souvent les traces. Déjà Marc-Antoine Grossi, prieur de Lioux, avait mis un peu d'ordre et fait jaillir quelques rayons de lumière dans le chaos de l'histoire aptésienne. Après avoir joui longtemps d'une réputation surfaite, Grossi est, de nos jours, tombé dans le discrédit le plus complet. Cette appréciation est injuste. Sans doute, je ne voudrais pas me porter garant de toute la science littéraire, archéologique et surtout astrologique du prieur de Lioux : en histoire même, il laissa beaucoup à faire à son successeur ; mais il eut au moins le mérite de tracer le sentier. Remerville, héritier de tous les manuscrits de Grossi, a pu profiter de tous ses travaux. Il nous apprend lui-même que son devancier fut en rapport avec tous les savants de son temps ; qu'il était *profond théologien, savant astrologue, subtil mathématicien, que jamais on ne vit homme plus humble et plus délicat en matière de religion (1)*. On sait que c'est à Grossi que s'adressèrent les savants auteurs du *Gallia christiana,* pour obtenir des documents sur les commencements de l'Église d'Apt : le P. Lelong, Pitton, Achard, Didot, rendent hommage à sa vaste érudition et à ses consciencieuses études (2).

Il était donné à Remerville de faire presque oublier son maître. Le premier de ses grands ouvrages, avons-nous dit, c'est *l'Histoire de la ville d'Apt*. Bien que restée manuscrite, comme la plupart des œuvres les plus importantes de notre auteur, *l'Histoire de la ville d'Apt* est trop connue pour que j'en fasse ici une analyse détaillée ; l'abbé Boze en a donné d'ailleurs un résumé fidèle. Comme cet auteur le remarque, « nous devons aux recherches pénibles et savan- « tes de M. de Remerville, les connaissances qui nous res-

---

(1) *Histoire de la ville d'Apt* (manusc. de Carpentras, pag. 810).

(2) Outre les manuscrits de Grossi, Remerville a eu à sa disposition les œuvres de Raimond de Solliers, Legrand, Castellane, Sirijanis, etc. Son grand art, c'est d'avoir su choisir ses matériaux et les mettre en ordre ; il est bien évident que l'histoire ne peut s'inventer.

« tent de l'histoire de notre pays. » On lit cette histoire avec
un vif intérêt, dit un judicieux biographe, parce que l'auteur
sait y semer la variété. Il met à contribution tous les histo-
riens connus de la Provence, et laisse les lecteurs pleinement
convaincus qu'il a fait de ce travail l'occupation entière de sa
vie, de sorte qu'il serait difficile de trouver, de son temps, un
historien plus consciencieux et plus estimable (1).

Remerville, nous en ferons la remarque une fois pour toutes, possédait un immense trésor d'érudition ; il est parfois
effrayant de science, n'avançant rien sans l'appuyer de citations empruntées aux auteurs anciens ou modernes ; dans les
points obscurs ou les faits peu avérés, il sait, le plus souvent,
se montrer critique rigoureux autant et plus qu'on ne pouvait
l'être de son temps. Il a devancé la grande loi de la critique
moderne qui cherche, avant toutes choses, à remonter aux
originaux ; on trouve en vingt endroits de sa correspondance
la preuve des peines incroyables que lui causait parfois la
lecture ou l'explication des vieilles chartes qu'il avait en
main.

Mais, si Remerville a toutes les qualités de l'érudit, il n'a
pas su toujours en éviter les défauts. Il prend plaisir quelquefois à faire parade d'érudition ; il ne sait pas assez condenser
ces petits détails qui n'apprennent rien d'important et ne font
qu'entraver la marche de la narration ; il cède aussi trop
souvent à son goût pour les réflexions et les digressions, et,
tout en reconnaissant facilement que les auteurs anciens furent souvent d'une crédulité trop grande, il ne laisse tomber
dans l'oubli aucune des rêveries qu'il peut y puiser.

Cette réflexion se trouve justifiée par le cas que notre auteur a fait du trop fameux manuscrit attribué à Uxellicus, dont
la découverte est due à Grossi. Il n'est pas facile de savoir

____

(1) *Dictionnaire biographique..... du département de Vaucluse*, par
Barjavel, t. II.

au juste le sentiment de Grossi lui-même à ce sujet ; mais
Remerville, tout en s'apercevant que les *Annales Urbanæ*
contiennent des choses trop naïves pour entrer dans le domaine de l'histoire, veut au moins y glaner quelques épis :
« On ne scauroit disconvenir, dit-il, qu'il y ait dans cette
« histoire bien des endroits qui sentent le roman, mais il
« est aussi très-certain qu'ils sont entremêlés de mille faits
« historiques qu'on ne sçauroit raisonnablement condamner. »
Et d'après cet argument de confiance, notre historien, sur la
foi du prétendu Uxellicus, nous montre la ville d'Apt fondée
dès après le déluge par un neveu de Janus, cinq à six dou-
zaines de rois se succédant sur le trône aptésien, le plus ancien des Gaules le roi Calavo, emporté avec son cheval dans
les flots de l'impétueux Aucalo, qui, en mémoire de cette ca-
tastrophe, deviendra le Calavon, etc. « En voilà bien assez »,
remarquait le judicieux abbé Giffon, à propos de la repro-
duction de ces légendes par Boze, « en voilà assez pour dé-
« grader l'histoire d'Apt, qui n'a pas besoin d'avoir recours
« à la fable pour prouver sa vénérable antiquité ». Du vivant
même de Remerville, ces pièces apocryphes, trouvées parmi
les papiers du prieur de Lioux, avaient été jugées à leur va-
leur. « Ce recueil peut avoir son utilité », écrivait à notre auteur Thomassin de Mazaugues, à la date du 8 juillet 1728,
« mais je doute que les critiques veuillent luy donner passe-
« port, surtout l'original ne paraissant plus ; car ceux qui
« n'ont pas l'honneur de vous connoistre regarderont, sur
« l'étiquette du sac, comme un conte, l'histoire du cahier
« égaré et disparu. »

J'ai beaucoup insisté sur la critique ; mon but était d'apprécier Remerville comme historien, plutôt que d'insister
longuement sur chacun de ses ouvrages ; ces réserves une fois
faites, je n'aurai plus à y revenir. Il existe plusieurs manuscrits autographes de l'*Histoire de la ville d'Apt* ; la bibliothèque de Carpentras en possède un.

Dans ses premières rédactions, l'ouvrage est divisé en trois ou en quatre livres, et se termine à l'année 1660, après la visite d'Anne d'Autriche à Apt. Mais, travailleur infatigable, notre auteur ne craignait pas de remettre vingt fois son ouvrage sur le métier. Le dernier manuscrit de l'*Histoire de la ville d'Apt* se trouve à la bibliothèque Mazarine, à Paris (1).

Les trois premiers volumes, de quatre cents pages chacun environ, de l'écriture fine et serrée de Remerville, sont divisés en douze livres, et vont jusqu'à l'année 1594. Le quatrième renferme la *Généalogie des maisons nobles* de la même ville, *tant des familles esteintes que de celles qui subsistent à présent*. L'ouvrage est donc inachevé ; entre le troisième et le quatrième volume, il y avait place pour un volume au moins, auquel l'auteur n'a pas eu le temps de mettre la dernière main, mais dont les lignes principales se retrouvent dans les autres exemplaires de cet ouvrage (2).

Dans l'ordre logique, vient ensuite l'*Histoire de l'Église d'Apt* ; chronologiquement, ainsi que nous l'avons remarqué déjà, cet ouvrage est un des derniers de Remerville. Quoiqu'il y manque l'entrain et l'intérêt soutenu de l'ouvrage qui précède, il est remarquable au point de vue des antiquités religieuses de la cité. On voit successivement apparaître dans les pages de cette histoire, ces évêques, ces saints, dont le souvenir plane encore sur la ville qu'évangélisa leur parole et qu'édifia leur vertu. Le 6 février 1717, Guintrandy, avocat à Avignon, qui s'était fait connaître dans la république des lettres, écrivait à notre auteur : « J'ai lu votre histoire

(1) H. 2718, B.

(2) Voici le titre de cet ouvrage, d'après l'exemplaire de la bibliothèque Mazarine : *Histoire de la ville d'Apt, où l'on voit tout ce qui s'y est passé de plus mémorable dans son estat politique, depuis sa fondation jusques au règne de Louis-le-Grand*.....

« ecclésiastique. Le diocèse d'Apt vous doit des actions de
« grâces d'avoir creusé si avant dans la connaissance de son
« histoire, et il doit s'intéresser à faire voir le jour à un
« monument qui lui doit être si glorieux, et qui vous a coûté
« tant de veilles. »

Il reste divers manuscrits autographes de cette histoire,
dont l'un dans la bibliothèque du grand séminaire d'Avignon. L'abbé Boze en a laissé un résumé consciencieux qui
me dispense d'en faire l'analyse.

Moins connue est la *Vie de saint Elzéar*. Par une fatalité
étrange, cet ouvrage déjà imprimé, s'il faut en croire Achard,
fut brûlé chez l'imprimeur. Mais le manuscrit original, soigneusement conservé, fait actuellement partie du riche dépôt
de la bibliothèque publique de Carpentras ; c'est un petit
in-quarto de 192 pages, suivi de quelques pièces justificatives, entre autres de la charte originale par laquelle le roi
Louis II donna une somme considérable pour refaire le buste
du saint. Cette histoire, divisée en trois livres, porte ce titre :
*La vie de saint Elzéar de Sabran, comte d'Arian, où l'on
voit ce qui s'est passé jusqu'à sa canonisation, pendant la
viduité de Dauphine de Signe, dame de Puymichel, son espouse.* Elle est intéressante en ce qu'elle comble l'énorme la-
cune qu'avait laissée dans cette belle vie le récit de Borély,
qui ne donne presque aucun détail sur le long séjour de saint
Elzéar dans le royaume de Naples, où il avait suivi les prin-
ces d'Anjou, comtes de Provence. Remerville, auquel n'é-
chappait pas un détail de notre histoire, à cette époque si
glorieuse pour la Provence, et qui, en outre, avait à sa disposition les documents originaux des deux procès de canonisation, n'a garde d'oublier cette partie si importante de la vie
du saint. On remarque dans cet ouvrage une connaissance
plus sérieuse qu'on ne pourrait le supposer dans un homme
du monde de ce qui constitue une vie de saint. On ne peut
pourtant adopter dans tous ses détails sa chronologie, un des

points les plus délicats de la vie de saint Elzéar ; parfois aussi l'auteur cède trop à son penchant pour les digressions dans le champ de l'histoire. Castellane d'Auzet, qui s'était entremis auprès de Choquel, imprimeur à Aix, pour la publication de cet ouvrage, écrivait le 13 février 1700 : « Je me con- « tente de vous dire que je le crois un des meilleurs livres de « ce caractère que nous puissions jamais avoir, et que je suis « persuadé que ce seroit une perte pour le public, s'il n'en « pouvait jamais jouir. »

Nous avons vu, dans la première partie de ce travail, comment Remerville se décida à faire un recueil annoté des chartes relatives à l'histoire d'Apt, et le temps considérable qu'il consacra à ce grand ouvrage. Il y revint à deux reprises différentes, car la critique qu'en fait Castellane d'Auzet ne se rapporte pas au manuscrit qui se trouvait, il y a quelques années, dans un cabinet particulier de la ville d'Apt. Ce manuscrit qui doit être le définitif et le dernier, puisqu'il est inachevé, porte pour titre : *Collectanea variorum diplomatum Ecclesiæ Aptensis notis illustrata.* C'est un bel *in-quarto* de 562 pages, écrit tout entier de la main de Remerville.

Il contient, divisées en six livres, 192 chartes, extraites, pour la plupart, de l'ancien cartulaire de l'Église d'Apt. A la fin de chaque livre se trouvent les annotations historiques, critiques ou philologiques de l'auteur. Mais des quarante-une chartes du dernier livre, les deux premières seulement sont accompagnées de leurs annotations, ce qui indique que l'ouvrage n'est pas fini. Il est probable que la mort surprit l'auteur, sans lui laisser le temps de mettre la dernière main à son œuvre ; nous avons vu précédemment que, le 16 octobre 1728, Thomassin de Mazaugues l'engageait à conduire son travail jusqu'à la fin , or, Remerville avait pour lors soixante-dix-huit ans.

Quoi qu'en dise Boze, qui a l'air de supposer que Remer-

ville travaillait uniquement pour le plaisir de lui laisser à
lui-même des mémoires qu'il pourrait, sans trop de fatigue,
mettre en œuvre, il paraît bien évident, par maints endroits
de sa correspondance, que notre auteur se proposait de publier son *Cartulaire*, comme la plupart de ses autres ouvrages. Quelle que fût sa modestie, ses amis ne tardèrent pas à
lui faire comprendre que le public devait être admis à jouir
du fruit de ses travaux. Malheureusement, les circonstances
ne lui permirent pas de livrer à l'impression le résultat de
tant de veilles savantes et de recherches opiniâtres.

Je ne dirai autre chose de la *Dissertation sur les reliques
de sainte Anne*, que M. de Saint-Quentin ajouta dans la
suite comme septième livre à l'*Histoire de l'Église d'Apt*,
sinon que c'est le travail le plus sérieux qui ait été fait sur
cette matière. L'auteur l'entreprit avec conviction ; il y atta-
chait une importance capitale. On a prétendu, au contraire,
qu'il l'aurait écrit pour détruire le culte de sainte Anne d'Apt,
et dans l'intention de contrarier M. de Foresta, avec lequel,
ainsi que nous l'avons vu, il eut certains chocs à soutenir.
Cette appréciation, contredite par la chronologie de la vie de
notre auteur qui nous le montre s'occupant de ce travail
avant le commencement des démêlés avec l'évêque d'Apt,
est d'une injustice gratuite envers Remerville, trop bon chrétien et trop patriote pour obéir à un pareil mobile ; la seule
lecture de cet ouvrage suffit d'ailleurs pour faire repousser
cette supposition. Sans doute, le savant critique n'a pas admis dans leur intégrité tous les détails de la légende relative
à l'origine et à l'invention des reliques de sainte Anne ; il a
remarqué que plusieurs de ces détails étaient en contradiction
avec les données certaines de l'histoire. Mais c'est là le crime
de tout auteur tant soit peu sérieux, qui ne peut d'ordinaire
accepter que sous bénéfice d'inventaire les récits légendai-
res, vagues souvent et contradictoires, et qui ne nous arrivent
à travers les siècles que mélangés d'éléments hétérogènes,

dont la critique a pour mission de les débarrasser, pour s'attacher à établir la réalité du récit fondamental. Que l'intention de Remerville ait été de faire de cette dissertation un ouvrage sérieux, c'est ce qui ressort évidemment de plusieurs passages de sa correspondance privée. « Songez », écrivait-il le 31 janvier 1698 à Castellane d'Auzet, en lui envoyant la *Dissertation* : « Songez en la lisant, que c'est un ouvrage « que j'ai fait pour le P. Ménestrier et qu'on ne sçauroit « trop le perfectionner. Apprenez-moi surtout, si les preu- « ves vous paraissent concluantes, les raisonnements bien « suivis..... »

On peut reprocher à cet ouvrage bien des longueurs et des redites, certaines lacunes, des notions peu exactes sur le prétendu voile de sainte Anne, dont la science du XVII⁰ siècle n'avait pu déchiffrer les caractères et qui, grâce à l'initiative de M. l'abbé Gay, a été reconnu comme contemporain de la première croisade. Mais, somme toute, l'œuvre de Remerville a fourni leurs meilleurs arguments à ceux qui depuis lors ont écrit sur le même sujet, et, si l'on ne peut adopter toutes ses conclusions, on doit rendre justice au moins à l'intention et au talent de son auteur.

Les biographes nous apprennent que M. de Saint-Quentin avait fait don au chapitre de la Cathédrale de la *Dissertation*, ainsi que du *Cartulaire*. Comment se fait-il que ces précieux documents aient disparu des archives de l'Église d'Apt ? La perte n'en est pourtant pas irréparable ; il existe plusieurs copies de la *Dissertation* ; quant au *Cartulaire*, je me suis assuré qu'on peut le reconstituer en entier. Remerville, avons-nous dit, communiquait son travail à ses savants amis, en particulier à Castellane d'Auzet et à Thomassin de Mazaugues. Pour plus de sûreté, ainsi que sa correspondance le constate en maints endroits, les chartes extraites des manuscrits originaux, étaient transcrites sur papier timbré, collationnées par le notaire du chapitre et revêtues de la signature de deux chanoines. C'est, munies de ces caractères d'authenticité, qu'elles arrivaient à Thomassin de Mazaugues ; or, celui-ci a eu soin d'en faire prendre copie, et c'est ainsi qu'elles se trouvent aujourd'hui à la bibliothèque publique de Carpentras (1).

J'ai insisté longuement sur les cinq ouvrages précédents, qui sont les plus importants de ceux que nous devons à la plume de notre auteur et dont j'ai pu examiner les manuscrits originaux. Parmi les autres ouvrages historiques du même auteur, moins considérables ou moins connus, je me borne à citer, d'après sa correspondance ou les biographes :

L'*Histoire généalogique des Comtes de Provence*, dont j'ai dit un mot dans la première partie de ce travail ;

Une *Histoire des Comtes de Forcalquier*, mentionnée par le P. Lelong, dont je n'ai pas trouvé trace ;

Le *Nobiliaire d'Apt*, dont une copie existe dans le cabinet de feu M. Frédéric Rousset, ancien sous-préfet d'Apt, et une autre forme le tome IVe de l'*Histoire d'Apt*, conservée à la bibliothèque Mazarine ;

Une *Dissertation sur saint Léonce, évêque d'Apt*, reproduite dans les *Pièces fugitives* de d'Aiglemont et dans le troisième volume d'Achard. Cette dissertation a pour but de démontrer que saint Léonce, auquel Cassien a dédié ses Conférences après la mort de saint Castor, n'est pas le saint du même nom qui fut évêque de Fréjus, et que quelques auteurs assurent être frère de saint Castor, mais un évêque d'Apt qui succéda au saint ami de Cassien. Au sujet de la polémique que souleva cette question, M. de Gourdon qui, étant sur les lieux, ne pouvait qu'être bien informé, écrivait à notre auteur, le 5 mars 1704 : « La dernière lettre que vous m'avez écrite

(1) Un premier travail sur les chartes de l'Église d'Apt antérieures à l'an 1000, a valu à l'auteur de ce mémoire une médaille de bronze au Concours historique ouvert par la Société littéraire d'Apt, en 1873.

« sur saint Léonce a esté admirée du P. Pagi, qui est, com-
« me vous savez, maître passé en ces sortes de matières. »

La biographie de Didot attribue encore à notre auteur une
Histoire généalogique de la maison de Remerville, conservée dans la maison de Tournon, qui descend des Remerville
par les femmes. Le *Nobiliaire d'Apt* renferme un long article sur les Remerville ; peut-être cette *Histoire généalogique* n'est-elle qu'une copie de cet article.

Ce nom de Tournon que je viens d'écrire me conduit tout
naturellement à dire un mot d'une des productions les plus
curieuses et les moins connues de notre auteur. Je n'ai pas à
entrer ici dans la fameuse question des rites chinois, question
qui passionna la chrétienté pendant si longtemps. Le cardinal de Tournon, légat du Saint-Siège auprès de l'empereur
de la Chine, et mort dans les prisons de Macao, avait, dans
une relation qui fut rendue publique, incriminé la conduite
des Jésuites. Remerville prit la défense de la célèbre Compagnie dans une *Réponse*, dont M. Camille Moirenc, l'heureux
collectionneur des documents de l'histoire d'Apt, a retrouvé un
exemplaire, peut-être unique, il y a quelques années (1). Cette
réponse, dont on attribue l'initiative aux Jésuites qui diri-
geaient le Séminaire d'Apt, est écrite avec dignité et modéra-
tion. Ce fait nous prouve l'éloignement que témoigna toujours notre auteur pour la secte Janséniste qui fit grand bruit
autour de cette affaire, et s'en fit un prétexte pour assou-
vir ses vieilles rancunes contre la Compagnie de Jésus.

Il est encore un ouvrage historique de Remerville, dont je
dois dire un mot, ne serait-ce que pour rectifier une assertion
émise par plusieurs biographes ; je veux parler de la *Dissertation sur les Albici*. Barjavel (2) la mentionne comme iné-

____

(1) Voir dans le *Mercure aptésien*, n⁰ˢ 1116 et 1118, deux éphéméri-
des de M. l'abbé Rose, à ce sujet.

(2) *Biographie vauclusienne*, tom. II, pag. 312.

dite. Didot (1) se contente de dire qu'Expilly assure qu'elle a
été publiée. C'est Expilly qui a raison. On lit, en effet, dans
les *Mémoires pour l'histoire des sciences et des beaux-arts*,
dits *Mémoires de Trévoux*, octobre 1703, à l'article : *Nou-
velles littéraires :*

« On recommence à donner les *Pièces fugitives anciennes
et modernes des auteurs connus et inconnus...* Les autres
pièces sont une *Critique de la vie de saint Castor, évêque
d'Apt*, et une *Dissertation sur les Albices ou Albicériens*,
anciens peuples de Provence. L'auteur, contre le sentiment
des PP. Hardouin et Sirmond, veut conserver le passage de
Pline, liv. III, ch. IV, comme il se lit dans les anciennes im-
pressions... M. de Saint-Quentin, auteur de la *Dissertation*,
prétend qu'il ne faut point chercher les Albicériens proche
de Riez, mais dans les montagnes voisines d'Apt ; il s'ap-
puie de Strabon et de César ; mais s'il prouve assez bien qu'il
y a eu un peuple, appelé *Albici*, qui habitoit dans les montagnes, il prouve mal qu'il ne faille pas suivre dans Pline la
correction des PP. Sirmond et Hardouin. »

Ce passage de la célèbre revue est précieux en ce qu'il nous
apprend que la *Dissertation sur les Albici* avait été publiée
et remarquée. L'auteur ne se tint pas pour battu par l'appréciation un peu leste que les *Mémoires* faisaient de sa thèse
et de ses preuves. Il avait affaire à des adversaires dignes de
lui ; il répliqua donc, le 13 août 1706, par une lettre impri-
mée, dans laquelle il soutient son sentiment en quelques pages très-bien raisonnées : « Je ne veux point, dit-il en com-
mençant, m'adresser à d'autre tribunal qu'au vôtre pour
demander justice de la critique briève, mais décisive, que
vous faites de ma dissertation sur les Albices, etc. (2). »

(1) *Nouvelle biographie générale*, tom. XLI, pag. 955.

(2) Le *Mercure aptésien* a publié, à ce sujet, dans son numéro 1118
une éphéméride de M. l'abbé Rose.

Je ne développe pas davantage cette appréciation de Remerville, comme historien ; pour le bien juger, il faut le lire, il faut le voir mettre en œuvre les trésors d'érudition qu'une étude opiniâtre lui avait permis d'amasser. Sans doute, on peut, dans le détail, trouver dans ses ouvrages bien des points faibles, mais sa ville natale lui a rendu ce témoignage que, si, plus heureuse que tant d'autres villes de province, elle a une histoire sérieuse, c'est à lui qu'elle le doit.

III

LE CRITIQUE

L'empire des lettres, » écrivait un jour Castellane d'Auzet à Remerville, « a, comme les autres, divers emplois et divers métiers. Celui de la critique en est le plus pénible, et peut-être le moins glorieux. » Or, ce sont les travaux critiques de Remerville, qui, de son temps, contribuèrent surtout à faire connaître son nom ; par un revirement assez ordinaire, ils sont aujourd'hui les plus oubliés. Cela tient, sans doute, aux circonstances locales qui les provoquèrent ; mais notre étude sur les ouvrages du savant Aptésien serait par trop incomplète, si je passais sous silence ce côté si intéressant de sa vie littéraire.

C'est dans deux circonstances que notre auteur se décida à sortir de sa réserve habituelle pour entrer dans le champ dangereux de la critique. Je rangerai sous le même titre ses démêlés poétiques avec son évêque, qui rentrent assez bien dans le cadre de cette troisième partie de mon travail.

En mars 1701, la ville d'Aix, recevant la visite des petits-fils de France, les ducs de Bourgogne et de Berry, fit dresser en leur honneur, ainsi que le voulait l'usage du temps, des arcs triomphaux représentant les principaux évènements de l'histoire de Provence. Pierre Galaup de Chasteuil fit paraître, à cette occasion, un discours qui donnait la description de ces arcs triomphaux et l'explication des emblèmes qu'ils renfermaient. Ce discours touchait à plusieurs points de l'histoire de Provence ; l'auteur trouve un rude contradicteur dans Pierre-Joseph de Haitze (1), qui fit paraître un libelle anonyme, intitulé : *Lettre critique de Sextius le Salyen à Euxénus le Marseillois, touchant le discours sur les arcs triomphaux dressés en la ville d'Aix, à l'heureuse arrivée des ducs de Bourgogne et de Berry*. Chasteuil, ses arcs et son discours étaient rudement malmenés dans ce libelle ; Remerville, que l'auteur savait en bons termes avec Chasteuil, y était touché d'une manière incidente ; il avait semblé dire dans un sonnet, que Raymond Bérenger était né en Espagne. La lettre critique dit à ce propos : « Les habitants d'Aix « l'avoient toujours regardé comme leur compatriote ; il n'y « a que le poète Saint-Quentin qui ose dire le contraire, et « personne ne peut en convenir avec lui que l'auteur des « *Arcs triomphaux*, qui produit un sonnet où ce poète d'Apt « a inséré ce faux fait. »

Remerville, ainsi mis en cause, répondit comme il savait le faire, rudement et savamment. Au fond il avait tort ; Raymond Bérenger était bien né à Aix ; une expression de son sonnet, prise au pied de la lettre, semblait dire le contraire ; il l'explique, et, à ce propos, entre dans le fond même de la question.

Quoi qu'en disent les biographes, je doute que Remerville soit l'auteur des *Réflexions sur la lettre critique de Sextius le Salyen ;* je serais tenté de les attribuer à Chasteuil lui-même. Mais la lettre qui est insérée sous forme d'appendice à la suite des *Réflexions*, est incontestablement de notre auteur ; il s'y défend en ces termes : « C'est moi qui semble « avoir avancé cette proposition (le lieu de la naissance de « Raymond Bérenger) ; il ne falloit en jeter le blâme que sur « le poète Saint-Quentin, qui est le nom que ces messieurs

---

(1) Né à Cavaillon, secrétaire de l'historien Jean-François Gaufridi, auteur d'un grand nombre d'ouvrages, qui manquent trop souvent de littérature et de critique, mais qui sont pleins d'esprit et d'érudition.

« ont bien voulu me donner. Je ne m'en plains pas. Autre-
« fois, on a fait un livre pour savoir si M. Godeau, évêque
« de Vence, étoit poète, et ici on m'en donne la qualité de
« plein saut. » Puis, en quelques pages vigoureuses, il relève
plusieurs assertions erronées de la *Lettre critique*. L'ouvrage se termine par une *Épître à Nostradamus* et une
Ballade, dont quelques vers trouveront tout naturellement
leur place ici :

> Fécond Nostradamus, dont la vive éloquence
> Fit retentir jadis les bords de la Durance
> Et qui fis refleurir par tes savans discours
> Et la gloire et les noms de nos vieux troubadours,
> . . . .
> Sans respecter leurs rangs, un chétif secrétaire
> Vient d'exhaler contre eux sa fougue atrabilaire.
>
> . . . .
> Que doit-on craindre enfin de semblables rivaux ?
> Ce n'est pas, après tout, qu'on ne pût, sans dommage,
> A son mauvais destin abandonner l'ouvrage.
> Sous un tas de bouquins dans un coin écartés
> On voit déjà pourrir les *Moines empruntés* (1).
> L'imprimeur accablé d'une chute pareille,
> Porte dans le tombeau l'*Histoire de Marseille* (2) :
> Menacés de subir même sort à leur tour,
> Les *Auteurs provençaux* craignent de voir le jour (3),
> Et bientôt Sextius, escorté par Euxène,
> Ira chez les grimauds succéder à Birêne.

Voici maintenant les deux dernières strophes de la *Ballade*
qui suit l'*Épître à Nostradamus* :

(1) Poème satirique, par de Haitze.

(2) Henry Martel mourut de chagrin de ne pouvoir pas débiter cette
Histoire. (Note de Remerville).

(3) On dit que l'auteur de la critique travaille à l'*Histoire des auteurs
provençaux*. (Note de Remerville).

Tel autre sot entreprend long voyage
Qui ne sçait pas quatre mots accorder :
Tel sans raison voulant tout décider
Fait d'arguments pédantesque étalage,
Insulte gens qu'il devroit respecter ;
Bref, de tout fat bizarre est la peinture,
Si, qu'en tel cas, je puis bien répéter :
Plus ne voyons ni règle ni mesure.

Il n'est corbeau qui, fier de son ramage,
Au rossignol même voulût céder ;
Le moucheron sans craindre d'excéder
Avec le bœuf ose faire attelage :
A la parfin tout vient à s'écarter ;
Du palefroi le baudet prend l'allure ;
Contre Chasteuil, D*** cherche à lutter ;
Plus ne voyons ni règle ni mesure.

Un autre contradicteur que rencontra Remerville, ou plutôt qu'il alla provoquer lui-même, ce fut son compatriote,
l'abbé Joseph Mervesin, bénédictin et prieur de Barret. Celui-ci s'était déjà fait connaître dans le monde littéraire par
des pièces de vers et par une *Histoire du marquis de Saint-
André Montbrun,* dont Remerville lui-même avait fait
l'éloge, quand il fit paraître son *Histoire de la poésie françoise* (1). Cet ouvrage, le premier dans ce genre qui ait paru
en France, fut recherché et loué malgré ses défauts, dit la
Biographie de Didot (2), par les plus habiles critiques ; ils
en donnèrent des analyses étendues. Basnage, dans l'*Histoire des ouvrages des savants,* dit que l'érudition et le bon
goût y règnent. Les *Mémoires de Trévoux* se contentent de
lui reprocher quelques omissions ; du reste, ils font l'éloge du
livre et de l'auteur. Tout à coup une voix discordante vint
troubler ce concert de louanges ; il parut des *Remarques critiques sur l'Histoire de la poésie française* (3) ; l'ouvrage

(1) A Paris, chez Giffart, 1706, in-12.
(2) V° Mervesin.
(3) In-12, de 75 pages, MDCCVI.

était anonyme, sans nom de lieu ni d'imprimeur, mais on ne tarda pas à savoir que c'était le sieur de Saint-Quentin, qui, au nom de la science et de la littérature offensées, dénonçait à l'opinion publique la renommée usurpée de l'*Histoire de la poésie française*. L'attaque est vive et serrée ; qu'on en juge par quelques citations :

« L'auteur, dit le critique, n'a ni assez de littérature, ni « assez d'érudition pour traiter un sujet qui ne doit être ma- « nié que par main de maître..... Ce n'est proprement rien « que cet ouvrage ; en effet, il ne mène à rien, il n'instruit « de rien ; enfin, on a de la peine à comprendre qu'avec le « sujet le plus abondant, l'auteur ait trouvé le secret de met- « tre au jour l'histoire la plus décharnée qui ait jamais « paru..... »

Une observation du critique qui ne manque pas de sel : « Une chose sur laquelle je suis bien aise de prévenir le lec- teur, c'est que je n'agis point ici par un esprit d'animosité contre le sieur Mervesin ; je le tiens pour un bon prêtre et surtout pour un bon moine. »

Tel était le ton de la préface ; dans le corps de l'ouvrage, le critique attaque successivement les digressions préliminai- res de Mervesin, sa théorie que la poésie peut se passer de versification, et la plupart de ses assertions sur la poésie chez les Grecs, les Latins et les Gaulois ; il le relance vivement surtout à propos de quelques fautes sur l'histoire de Pro- vence, dont il lui donne une bonne leçon.

« Le bonhomme, continue-t-il, n'est pas heureux en tran- « sitions ; une grande phrase bien ou mal accommodée au « sujet, le porte du XII° siècle au XIV°, de celui-ci au XIII° ; « il n'y entend pas d'autre façon. » Quant au style, le criti- que se réservait de l'examiner dans une seconde lettre. La première se termine par ce trait final :

« Au reste, je puis vous apprendre que quelques plaisants « qui connaissent l'auteur le trouvent peu judicieux d'avoir

« remis sur la scène le fameux parasite Mormor, et sur cela,
« un d'eux a fait cette épigramme :

Mervesin, critique sévère,
A l'affamé Mormor ne fait point de quartier ;
La charité ne règne guère
Entre gens du même métier. »

La critique fit du bruit ; les *Mémoires de Trévoux*, qui
étaient alors le journal du bon goût, en donnèrent une longue
analyse (1). Mervesin, qui, d'ailleurs, ne manquait pas d'esprit, attaqué dans son amour propre d'auteur, répliqua d'a-
bord par une épigramme, à laquelle Remerville ne fut pas in-
sensible, puis par une lettre de 64 pages in-12 (2), dans laquelle il accusait son censeur d'avoir lui-même commis plusieurs fautes contre la vérité de l'histoire. La dispute s'enve-
nimant fixa, dit la biographie de Didot, l'attention des beaux
esprits ; plusieurs prétendirent que les accusations de Remerville n'étaient fondées qu'en partie ; celles de Mervesin eurent leurs approbateurs et leurs critiques. La défense ,de
Mervesin parut donner de l'inquiétude à Remerville ; il prétend, dans une de ses lettres, que la pièce de Mervesin a été,
pendant plus d'un mois, vue, revue, corrigée et augmentée
par trente personnes différentes : « Partant, je concluds,
« ajoute-t-il, que très-expresses inhibitions lui soient faites
« de plus écrire à l'avenir ni en vers ni en prose, sauf de
« se divertir quelquefois, s'il y écheoit, à faire quelques peti-
« tes chansons provençales, où il ne réussit pas trop mal. »
Bientôt après, pour achever son adversaire, il mit un jour
une nouvelle brochure, intitulée : *Lettre à M****, *servant de*

(1) Juin 1707, pages 1060 à 1069.
(2) Paris, MDCCVII.

réponse à M. Mervesin sur l'Histoire de la poésie (1). La riposte pour être moins vive que la première attaque n'est encore rien moins que tendre. Après avoir passé en revue divers points de la réponse de son contradicteur, le critique continue :

« Je lui déclare de plus que je ne l'ay point critiqué dans
« un esprit d'envie, comme il m'en accuse ; en vérité, je ne
« suis pas encore assez persuadé qu'il soit digne d'envie ;
« s'il ne m'avoit attaqué mal à propos et d'une manière qui
« ne lui convenoit point, je l'aurois laissé jouir en paix des
« louanges intérieures qu'il s'est données pendant huit mois.
« Il peut donc écrire désormais en toute sûreté ; la meilleure
« voie de me venger, si j'étois capable de quelque rancune,
« seroit de prier le Seigneur qu'il lui conserve longtemps la
« démangeaison d'écrire..... Il ne me reste plus qu'à le re-
« mercier de ce qu'il voudroit tout faire pour mon service,
« *hors me croire homme d'esprit.* J'admire cet excès de gé-
« nérosité qui l'oblige à prendre la défense de l'esprit, sans
« avoir l'honneur de le connoître :

> « Nùl ne se connoît plus en France ;
> « Aujourd'huy tout s'y pervertit :
> « N... fait l'homme d'importance
> « Et Mervesin l'homme d'esprit. »

« Agréez, ajoute l'auteur à la suite de cette pièce, que je
« vous envoye cette fable ; elle contient quelques aventures
« arrivées au sieur Mervesin, à Avignon et en Bourgogne,
« auxquelles cet abbé donna lieu par une conduite irrégu-
« lière. »

Cette fable ne comprend pas moins de 137 vers ; je me contente d'en citer quelques-uns qui donneront une idée plus que suffisante du reste :

(1) Sans noms, 38 pages in-12, MDCCV.I.

Une grenouille provençale,
Que le rapide Calavon (1)
Forma jadis de son limon,
Pour l'esprit, pour la voix, se croyoit sans égale.
Avec un dédaigneux mépris
Elle écoute les sombres cris
De toute la troupe camarde :
Seule enfin elle se regarde
Comme une grenouille de prix.
Honteuse d'habiter une obscure rivière
Et que dans un si petit lit
Son mérite s'ensevelît :
« Quoi ! dit-elle en quittant sa triste grenouillère
Du peuple coassant suis-je donc la première
Qui puisse se flatter d'un chant mélodieux ?

. . . .

Les eaux du Tibre ou de la Seine
Sont seules dignes de m'avoir. »
Sitôt dit, sitôt fait : notre bête animée
Par les flatteurs appas d'une vaine fumée
Sur ses pieds en ressorts pressés
S'élance, bondit et s'allonge :
Tantôt de fossés en fossés,
Tantôt de mare en mare, elle saute, elle plonge,
Tant qu'après mille et mille efforts,
Du Rhône, un beau matin, voyant les larges bords,
Notre grenouille vagabonde
Ne voulut pas aller plus loin
Sans se délasser dans son onde.

Suivent les diverses mésaventures de la grenouille, qu'il serait trop long de reproduire ; voici la fin de cette pièce curieuse :

Heureuse si, gardant un éternel silence,
Elle n'eût pas enflé ses organes grossiers ;
Mais, d'un si doux accueil notre grenouille vaine,
Coassant, par malheur, un lugubre fredon,
Apprit à ses dépens qu'elle étoit dans la Seine
Grenouille comme au Calavon.

(1) Ruisseau qui passe aux murailles d'Apt. (Note de Remerville, fort irrévérencieuse pour le Mançanarès aptésien).

Les témoins de ce duel à coups de plume remarquèrent
que la seconde lettre de Remerville était beaucoup moins
vive que la première, et le bruit se répandit dans le public
que ses amis l'avaient livrée à l'impression malgré lui. Les
journalistes de Trévoux, qui avaient tenu leurs lecteurs au
courant de la controverse, reconnurent que Remerville leur
avait écrit, en avouant lui-même qu'il aurait dû avoir un peu
plus d'égard pour le caractère et la profession de Mervesin,
mais qu'on l'avait imprimé à son insu (1). C'était une espèce
de réparation pour les excès de forme auxquels la polémique
avait entraîné l'irritable Aptésien. Malgré la critique, l'*Histoire de la poésie* fut lue et approuvée ; c'était, ai-je dit, le
premier ouvrage de ce genre qui eût paru en France, ce qui
explique et ses défauts et son succès. En 1717, il en parut
une nouvelle édition à Amsterdam, corrigée et augmentée
d'un *Traité de la versification françoise.*

Entre ces deux dates, en 1710, il s'éleva entre les deux
Aptésiens une nouvelle dispute ; mais cette fois le bon abbé
avait trop ouvertement dépassé les bornes dans lesquelles il
est permis à un original de se mouvoir. Il voulait supprimer
de l'alphabet la lettre R comme mal sonnante, et, pour prouver qu'on pouvait s'en passer, il écrivit de longues épîtres à
la marquise de Buoux et à l'évêque d'Apt, dans lesquelles
n'entrait jamais cette lettre. Remerville s'en amusa quelque
temps avec ses amis ; une lettre que lui écrivait l'abbé d'Ardène (3o août 1710) nous apprend qu'il avait composé à
cette occasion une pièce en forme de procès, dans laquelle
l'affaire de la lettre R était débattue contradictoirement par
devant le tribunal d'Apollon qui, comme de juste, donnait
gain de cause à la malheureuse proscrite : « Je ne puis
« m'empêcher de vous dire, » écrivait d'Ardène, « que je ne
« trouve rien de mieux imaginé, de plus suivy, de plus sça-

(1) Janvier 1708, pages 80 à 88.

« vant que toute cette pièce ; mais surtout la plainte de l'R
« et le jugement d'Apollon me paraissent divins. Enfin, il
« n'est donné qu'aux beaux esprits d'Apt et au vôtre, Mon-
« sieur, par préférence, de faire d'aussi jolies choses. »

C'est peut-être dans la plainte de l'R que se trouvaient ces
cinq vers dignes, à eux seuls, de faire pencher la balance de
la justice :

> « Poètes, orateurs, souffrirez-vous qu'on ose
> « Me bannir pour jamais des vers et de la prose ?
> « Le téméraire auteur de cette trahison
> « Voudroit que vos écrits, comme ceux qu'il compose,
>   « N'eussent ni Rime ni Raison. »

Remerville eut aussi à ferrailler avec le P. Bailly, cordelier,
profond érudit, comme l'étaient assez souvent les moines du
bon vieux temps, mais qui voulut à son tour se mêler de
poésie satirique. Il fit contre Remerville une longue pièce qui
se terminait par ces deux vers :

> « Et tel qui s'applaudit d'avoir bien rencontré
> « Au pied du sacré mont va paître dans un pré. »

Remerville se contenta de répondre :

> « Jamais au pied du mont sacré
> « L'on ne connut que le Permesse
> « Bailly vient d'y trouver un pré ;
> « Qu'il en jouisse et qu'il y paisse. »

Nous avons exposé déjà, dans la première partie de ce
mémoire, l'occasion qui mit aux prises notre auteur avec
l'évêque d'Apt ; les détails de cette joute littéraire qui, pendant plusieurs années, intéressa vivement nos aïeux, étant
peu connus, je vais en donner quelques courts extraits.

Commencée d'abord sur le terrain du droit canonique, la

lutte, avons-nous dit, ne tarda pas à glisser sur le terrain de la poésie et de la satire.

Sous le nom de son secrétaire, Saint-Chef, l'évêque avait fait paraître une pièce assez longue, mais au fond assez médiocre, intitulée: *Un prélat à son zèle*. Après avoir passé en revue les principaux griefs que lui reprochaient ses adversaires, l'auteur continue :

> Ainsi parle un fumeur dans cette chambre ardente,
> Où sur nos faits guerriers la Sablière commente (1) ;
> Encore, si les flots de leur aigre courroux
> Respectant notre rang ne tombaient que sur nous,
> Loin de leur remontrer qu'ils nous font un outrage,
> Nous pourrions les prier d'en dire davantage ;
> Mais leur langue d'aspic ne nous épargne pas ;
> Toutes nos actions, nos paroles, nos pas,
> Sont éternellement l'objet de leur critique.....

Remerville répondit :

> Si ma muse à bon droit, de sa verve animée,
> Me fit jadis prétendre à quelque renommée ;
> Si, pour la tendre idylle ou le galant rondeau,
> Souvent, avec succès, j'enflai mon chalumeau,
> Pour troubler ma raison, un pesant mariage
> Ne venoit pas alors concourir avec l'âge.
> Jeune et débarrassé de tous les soins cuisans
> Qu'entraîne le projet de pourvoir huit enfans,
> Toujours prêt à puiser dans la docte fontaine,
> Les vers s'offroient en foule à ma fertile veine.
> Mais dans ce trouble affreux qu'on ne sauroit calmer,
> L'esprit malaisément se dispose à rimer ;
> Tel, libre de soucis, fourniroit un volume
> Qui, dans l'accablement, prendroit en vain la plume.
> Moins qu'on ne croit, Pégase est facile à sonner,
> Au milieu d'un ménage il faut le talonner ;
> Mille et mille soucis, dont vieux hymen postule,

(1) Assemblée de gentilshommes, qui se tenait chez madame de la Sablière, place Sainte-Croix, et qu'on supposait hostile à l'évêque.

> Font qu'au lieu d'avancer, bien souvent il recule.
> Toi donc à qui, sans soin, quatorze mille francs
> Par un rentier exact sont comptés tous les ans,
> Qui sortant de chez toi, ne vois point à ta porte
> D'importuns créanciers l'insolente cohorte,
> Qui sous le joug heureux d'un moins rude devoir,
> N'as pas, encore un coup, huit enfans à pourvoir,
> Prélat que de tout temps la fortune caresse,
> Va cueillir mille fleurs sur les bords du Permesse ;
> Libre de tous soucis, conduit par Apollon,
> Tu peux boire à longs traits l'eau du sacré vallon,
> En faire, si tu veux, ta boisson ordinaire,
> Même la prodiguer jusqu'à ton secrétaire.....

Après cet exorde, digne d'un bon élève de Boileau, le poète revient sur les différents griefs relevés par le prélat ; il y a là aussi de fort bons vers. Voici la fin de cette pièce :

> Quoi qu'il en soit pourtant de cette chambre ardente,
> Si le crime y préside, il faut avec douceur,
> Sans scandale et sans bruit, attirer notre cœur ;
> Dans le zèle qu'anime une mordante bile,
> Je ne découvre point l'esprit de l'Évangile.

Une pièce bien meilleure encore que celle-ci, c'est l'*Épître de Galopin à Saint-Chef*. Galopin est le valet de chambre d'un des chefs de l'opposition, probablement de Remerville lui-même ; il écrit en ces termes à son collègue Saint-Chef, qui avait eu l'heur de devenir secrétaire de son maître :

> Par quel endroit, dis-moi, trop heureux domestique,
> Saint-Chef, dont je voudrois découvrir la pratique,
> As-tu pu t'élever au rang où je te voi,
> Et de quelques degrés ennoblir ton emploi ?
> A peine trente mois ont roulé sur ta tête
> Que, dans le même endroit où le destin t'arrête,
> Tous les jours, comme moi, malheureux Galopin,
> Tu brossois les souliers, tu vidois le bassin.
> Cependant, aujourd'ui changeant de caractère,
> La mandille à l'écart, te voilà secrétaire.....
> Toujours en linge blanc, bien vêtu, bien coiffé,

Dans un appartement d'un beau meuble étoffé,
A l'envi de Dupré, favori de ton maître,
A sa table, en un mot, ayant l'honneur de paître ;
Tandis que, pauvre sot, toujours sur le tissac,
Je ne suis employé qu'à hacher du tabac.
De grâce, pour vingt ans je te cède mes gages,
Si tu me fais jouir de pareils avantages.
Pour le moins, apprends-moi le nerf de ton secret ;
Je t'ouvre ici mon cœur : je suis valet discret,
Malheureux en beauté, d'une triste figure ;
Quand je ne verrois pas en brillante peinture
A côté d'un prélat mon minois étalé,
C'est un malheur pour moi dont je suis consolé ;
Content même, au besoin, de monter une rosse,
Je te vois sans chagrin promener en carrosse.

. . . .

Mais s'il faut, une fois, te parler franchement,
Deux choses, dans ton fait, me touchent diablement ;
Je voudrois, puisqu'il faut te le faire connaître,
Fourrager comme toi la table de ton maître,
Et, sans craindre un bâton qu'il tient à ses côtés,
Lui dire quelquefois toutes ses vérités.

. . . .

Quel plaisir, entre nous, ne ressentis-tu pas
Quand, dans un long détail, ta fertile mémoire,
En style un peu malin, lui traçoit son histoire ?
Rien ne vaut, à mes yeux, le sensible ragoût
De pouvoir, une fois, pousser son maître à bout.

. . . .

Que je plains les beaux jours qu'en ma jeunesse folle
J'ai passés sottement sans aller à l'école !
Pourvu que, bien ou mal, chiffonnant le papier,
Je susse en paraphant mettre mon nom entier,
Je pourrois attraper, par quelque tour oblique,
D'un secrétariat la patente authentique.
Ce n'est pas que je sois d'ambition touché ;
Quand j'ai mon pot rempli d'un tabac bien haché
Et qu'aux yeux des fumeurs trente pipes brûlées,
Sur la table à propos paraissent étalées,
Le plus heureux valet est pour lors, à mon gré,
Au-dessous de mon sort pour le moins d'un degré.....

Ces citations suffisent pour nous donner une idée de ce que
furent ces luttes poétiques, regrettables au fond, mais qui

heureusement ne tardèrent pas à prendre fin. Quoi qu'il en soit, quelques années plus tard (1721), la peste se déchaîna sur la ville d'Apt et y fit de nombreuses victimes. Je ne sais trop ce que devint Remerville pendant cette période ; sa correspondance renferme plusieurs lettres de cette époque, qui, avant de lui être remises, ont été consciencieusement imbibées de vinaigre. Pour l'abbé Mervesin, auquel le sieur de Saint-Quentin reconnaissait au moins les qualités qui font le bon prêtre, il se dévoua courageusement au service des pestiférés, et trouva dans l'exercice de ces fonctions une mort glorieuse. Joseph-Ignace de Foresta, lui aussi, suivant les traces de l'illustre évêque de Marseille, sa ville natale, remplissait avec héroïsme les devoirs du bon pasteur ; et, aujourd'hui encore, il est bien peu d'Aptésiens qui sachent un mot des querelles littéraires de Remerville avec Mervesin ou avec Foresta ; mais il n'est pas un enfant de la vieille *Apta Julia* qui, levant les yeux vers la colline de Tauleri, ne sache désigner l'emplacement d'où le Belzunce aptésien bénissait son peuple agonisant. La renommée qu'on s'acquiert dans la carrière des lettres ne tarde pas à être enfouie dans quelques archives poudreuses pour devenir la proie de rares érudits ; seul l'héroïsme de la charité s'impose au cœur des peuples.

IV

LE POÈTE

C'est le poète assurément qui a été jusqu'ici le plus mé-
connu en Remerville. Une biographie célèbre se contente
de mentionner *quelques satires et poésies médiocres qui
n'ont pas été imprimées* (1). Le jugement est un peu
leste : je voudrais faire voir qu'il est, à certains égards, loin
d'être fondé. Je me garderai pourtant de tomber dans le
travers de ces panégyristes maladroits qui ne manquent jamais
d'octroyer toutes les vertus à leur saint. Certes, Remerville
n'est ni un Corneille, ni un Racine, ni un Lafontaine, ni même
un Boileau ; mais il est un bon élève du grand siècle, un bon
élève de Boileau surtout, dont il a évidemment cherché à suivre les traces dans plusieurs de ses ouvrages poétiques. Cette
appréciation sommaire montre déjà qu'il ne faut pas chercher
dans le poète Remerville le coup d'aile qui fait la grande poésie. Si l'on prend le mot de poète dans le sens du *vates* antique, l'homme inspiré par le dieu des vers, ou même dans le
sens plus vrai qu'attache à ce grand nom l'école moderne,
l'homme qui traduit avec sa lyre les inspirations les plus pro-
fondes du cœur humain, Remerville sera littérateur plutôt
que poète. Il ne fit jamais de la poésie son unique ni même
sa principale occupation. La tournure de son esprit, porté de
préférence vers les recherches arides et positives de la science
historique, est ce qu'il y a de plus incompatible avec le génie
et l'inspiration poétique ; et ce n'est certes pas un poète comme lui que Platon eût voulu couronner de fleurs et conduire

(1) Didot, tom. XLI, col. 955.

aux frontières de sa République comme compromettant pour l'État.

Mais, au-dessous de cette grande poésie qui s'exerce principalement dans l'épopée, la tragédie et l'ode, il y a la poésie de second ordre, la muse au service de la raison et du bon sens, poésie qui s'exerce surtout dans le genre satirique ou didactique. Lafontaine, Molière et Boileau en furent les maîtres au grand siècle, et, comme ce genre semble plus facile à atteindre que les sommets de la grande poésie, ils eurent force imitateurs, mais, hélas ! point de rivaux. C'est dans cette catégorie que nous pouvons ranger notre poète aptésien : pour lui, nous l'avons vu déjà, la Muse fut une agréable distraction; au milieu des études absorbantes de l'érudit, elle vint parfois lui faire couler de douces heures; mais, s'il fut pour elle un ami fidèle, il n'en devint jamais le courtisan passionné.

Deux ou trois fois il voulut s'aventurer dans l'ode, entreprise périlleuse pour un esprit tel que le sien : son maître Boileau y avait déjà affreusement échoué en voulant chanter la *Prise de Namur*. Nous avons de Remerville une *Ode au maréchal de Villars*. Elle est de l'année 1713 : au mois d'octobre l'auteur la communiquait à Castellane d'Auzet, qui la trouvait excellente. Longtemps enfouie dans la poudre d'une bibliothèque, elle a été insérée dans le *Mercure Aptésien* du 21 août 1842 par les soins du docteur Barjavel, qui la réédita en 1859 avec quelques autres pièces du même auteur, à la suite des *Fragments de l'autel despouillé et restably*, dont nous parlerons bientôt. L'auteur semblait ne pas méconnaître les difficultés de la tâche qu'il s'imposait. Il commence ainsi :

> Du haut des cieux avec Icare
> Deut-on me voir précipiter,
> Muse, sur le ton de Pindare
> J'ose entreprendre de chanter.

Ce qu'on peut dire de cette pièce, malgré l'appréciation optimiste de Castellane d'Auzet, c'est qu'elle est faible comme ode, quoique renfermant de bonnes pensées, parfois assez bien rendues. Je me contente de citer cette strophe, la moins mauvaise de toutes :

> L'Escaut sur sa rive estonnée
> Voit les Germains ensevelis
> Au moment que la destinée
> Ostoit tout espoir à nos lis.
> De pertes que rien ne remplace
> La France esprouve la disgrâce,
> Un voile obscurcit ses beaux jours ;
> Le Ciel qui sur elle préside
> Luy devoit un nouvel Alcide,
> Et Villars vole à son secours.

L'*Ode à la Vieillesse,* adressée à M. de Foresta, son ancien rival en poésie, est sans doute la dernière production de notre auteur. Il l'écrivit vers 1729, étant âgé de près de 80 ans ; de Foresta en avait 75 : ce sont les adieux d'un vieillard à un vieillard. Je n'ose pas dire que c'est le chant du cygne, mais il règne dans cette pièce un ton de mélancolie qui ne sied pas mal au sujet et à la circonstance ; on ne peut sans injustice la traiter de pièce médiocre.

Dans la correspondance inédite de notre auteur il est également question d'une *Ode sur la vie champêtre*, dont je n'ai pas retrouvé trace, ainsi que d'une *Ode à la paix*, que Castellane d'Auzet trouvait excellente.

Mais, si la tournure de son esprit ne permettait guère à Remerville de s'élever jusqu'au genre lyrique, elle se prêtait merveilleusement au genre simple ou satirique. Plusieurs pièces, soit manuscrites, soit imprimées, qui ont été conservées, méritent au moins d'être signalées.

Nous avons précédemment reproduit plusieurs fragments en vers de la polémique que notre poète soutint contre l'abbé Mervesin et l'évêque de Foresta. Ces citations nous montrent déjà combien Remerville excellait à aiguiser une épigramme et à manier la poésie légère.

Le plus considérable de ses ouvrages en ce dernier genre est un poème héroï-comique qu'il avait composé dans le genre du *Lutrin* de Boileau, et sur un plan à peu près semblable ; il avait pour titre : *L'autel despouïllé et restably*. L'original de ce poème, qui ne renfermait pas moins de six chants, a malheureusement disparu depuis plusieurs années des collections de la bibliothèque d'Inguimbert, de Carpentras, où il était parvenu après avoir été conservé longtemps dans la collection de l'avocat Fage. Comme dédommagement, la bibliothèque d'Inguimbert nous a gardé les notes manuscrites de l'abbé Giffon, secrétaire de M. Éon de Cely, dernier évêque d'Apt, qui renferment une analyse exacte de ce poème, accompagnée de nombreux fragments. Ce sont ces fragments et cette analyse qu'un infatigable érudit vauclusien, M. le docteur Barjavel, a donnés au public, d'abord dans le *Conciliateur de Vaucluse,* et ensuite dans une brochure tirée seulement à 5o exemplaires (1). Tout en nous faisant regretter davantage la perte de l'original, cette publication peut nous donner une idée assez exacte et du poème et de la fécondité du poète.

Voici, d'après l'abbé Giffon et M. Barjavel, « le mince évènement de sacristie à l'occasion duquel le poète aptésien prit la plume » : Vers la fin du XVII° siècle, quelques dames des plus qualifiées de la ville d'Apt entreprirent de former une congrégation sous le titre du *Cœur de Marie ;* les malins bourgeois de l'époque ne tardèrent pas de les surnommer *Les Dames du Cœur.* Ces dévotes personnes s'assemblaient dans la chapelle de St-Dominique, que Marguerite Alloy avait fondée quelques années auparavant (2) et cédée aux Domini-

(1) In-8°, Carpentras, Devillario, août 185g.

(2) Acte du 4 avril 1686, notaire Antoine de la Forest.

cains de Sault pour y établir la Confrérie du Rosaire. Comme on ne tarda pas à s'apercevoir que les *Dames du Cœur* devenaient envahissantes, les Dominicains les prièrent de se chercher un autre lieu de réunion; elles s'établirent donc dans l'église de l'hôpital, et peu après dans celle des Carmes, où on céda à leur usage un autel qu'elles devaient entretenir. Sur ces entrefaites, fut construite la chapelle de la Providence, que desservirent MM. les chanoines. *Les Dames du Cœur,* peu satisfaites de toutes leurs pérégrinations antérieures, eurent la fantaisie de s'installer à la Providence sans consulter l'évêque, sans même prévenir les Carmes. Se doutant que ceux-ci voudraient s'opposer à cette émigration, ces pieuses personnes profitent du moment où les religieux étaient à dîner : elles entrent dans l'église, dépouillent entièrement l'autel que les bons Pères avaient mis à leur disposition, et en font transporter tous les ornements à la Providence. Chose rare entre femmes, les conjurées avaient si bien su garder leur secret, que les Carmes n'eurent vent de ce coup d'État que lorsqu'il fut devenu fait accompli : il ne leur restait plus qu'à recourir à l'autorité de l'évêque, qui, faisant justice à leur requête, ordonna de rétablir l'autel dans son premier état.

Tel est le fond sur lequel Remerville a pu broder un poème plein de verve et d'originalité ; je n'entreprends pas d'en donner ici l'analyse, ces détails nous mèneraient trop loin. Qu'il me suffise de dire qu'on y reconnaît l'intention évidente d'imiter le *Lutrin* de Boileau, et que certains vers ne seraient pas indignes du législateur du Parnasse français.

Cette pièce curieuse commence ainsi :

> Je chante les exploits qu'un élan de faux zelle
> Entreprit aux dépens d'une sainte chapelle,
> Et qui, dressant un piège aux enfants du Carmel
> Osa traistreusement despouiller leur autel.
> Muse, dût-on penser que déjà tu radotes (1)

(1) Allusion à l'âge avancé de l'auteur, qui avait alors au moins 60 ans. .

> Dépeins-moi bien l'esprit qui porta les dévotes
> A préférer au froc si longtemps à leur gré
> L'appareil de l'aumuse et du bonnet carré;
> Et toi, sage prélat (1), qui vois tes chers chanoines
> Recueillir aujourd'huy les despouilles des moines,
> Daigne agréer l'essai que, sans te consulter,
> Un reste de vigueur ose encore tenter.

Plus sage que son devancier, et c'est sa meilleure excuse, l'auteur ne destinait pas ce poème à la publicité : il se contenta d'en donner lecture à quelques intimes dans le salon de M. de Tournon; on se disputa les rares copies qui circulèrent dans la société aptésienne.

La *Satire contre le séjour des villes*, sans avoir rien qui la relève au-dessus de l'ordinaire, renferme néanmoins quelques bons passages :

> L'honnête homme et le fat ne se distinguent plus.
> Tel depuis quatre jours a quitté la charrue
> Qui sur le plus huppé prend le haut de la rue ;
> Fût-on sorty d'un sang fécond en demy-dieux, ·
> Qui n'a rien qu'un bon nom ne fait point d'envieux,
> Et malgré ce qu'on est, dans le siècle où nous sommes,
> Ce n'est qu'au poids de l'or que l'on pèse les hommes.

Fort à la mode étaient alors les disputes théologiques : la grande querelle du Jansénisme préoccupait vivement les esprits, et dans le meilleur monde les belles dames de Versailles citaient sans broncher saint Paul ou saint Augustin. Remerville, auquel la science théologique n'était pas étrangère, nous a laissé, à cette occasion, une pièce fort importante ; c'est l'*Épître sur la grâce et la prédestination*, adressée au P. Girardot, jésuite. Cette pièce, éditée par M. Barjavel dans la brochure plusieurs fois citée, ne renferme pas moins de 428 vers. Chose assez rare à cette époque, parmi les gens de lettres qui croyaient se donner du ton en affectant de faire de

______

(1) M. de Foresta.

l'opposition à la cour et à l'Église, elle est parfaitement orthodoxe : le poète y attaque vigoureusement la doctrine janséniste qui confisquait le libre arbitre au profit de la grâce. Il ne craint même pas d'y désigner en toutes lettres le fameux P. Quesnel, de l'Oratoire, pour la défense duquel tant d'évêques bravèrent si longtemps les foudres du Vatican. Il est vrai que l'évêque d'Apt fut un des champions les plus vigoureux de la doctrine catholique ; c'est sans doute dans le commerce de ce docte prélat que Remerville puisa, sur ces matières épineuses, ces notions saines qui étaient loin d'être communes à cette époque. Une courte citation suffira :

> C'est ainsi, Girardot, qu'à ton sermon instruit
> Je vois à quelle erreur ce principe conduit.
> L'orthodoxe Augustin que cite la cabale
> A-t-il pu concevoir un tel monstre en morale ?
> Eslevé par Ambroise, a-t-il imaginé
> Qu'un homme peut courir quand il est enchaîné ?
> Que quiconque a des yeux, a la puissance entière
> De voir dans un cachot dépourvu de lumière ;
> Et qu'on peut se nourrir en un pressant besoin,
> Avec beaucoup de mets qu'on nous fait voir de loin ?...

Le poète paraît avoir beaucoup travaillé cette pièce : le manuscrit autographe est chargé, au bas des pages, des textes de l'Écriture ou des Pères ; il paraît même qu'il se proposait de la publier. Lombard de Gourdon lui écrivait en 1702 : « M. le major des îles porta une copie de vos vers sur la « grâce à M. l'évêque de Fréjus (1) qui les trouva parfaite- « ment beaux : l'approbation d'un prélat si éclairé et si déli- « cat fait beaucoup d'honneur à vos Muses. »

L'Épître à l'abbé Tricaut, docteur de Sorbonne, égale-

---

(1) André Hercule de Fleury, qui devint plus tard précepteur de Louis XV, cardinal et premier ministre, et joua un si grand rôle pendant la première partie du règne de ce prince.

ment dirigée contre les jansénistes, ne se défend pas d'une légère teinte de gallicanisme.

Contentons-nous d'en citer un passage :

> Mais dans un plus grand jour mettons le parallèle.
> Je trouve d'un côté contre les novateurs
> Le Pontife Romain joint au corps des pasteurs.
> J'apprends que ce concours (quelque auteur que je lise)
> A fait, dans tous les temps, une loy dans l'Église ;
> Et, ce qui passe enfin toute autre autorité,
> Que Quesnel est d'accord de cette vérité.
> J'oppose à ces raisons qui fondent ma croyance
> Tout ce que contre moy peut produire la France ;
> Dix ou douze prélats de leur chef séparés,
> Des docteurs par envie ou par haine égarés,
> Des chapitres, des corps où le fait qui s'agite
> Partage en divers lieux des hommes de mérite :
> Des dames du bel air, un tas d'esprits oysifs,
> Dans cette controverse aveugles apprentifs,
> Dont le plus clairvoyant, d'une ignorance extrême
> Raisonne bien souvent sans s'entendre luy-mesme.
> Des deux partys, abbé, fais la comparaison,
> Et juge maintenant si je n'ai pas raison......

On ne saurait, en effet, ni mieux raisonner ni mieux dire.

Les pièces dont je viens de parler et dont nous devons la publication à M. Barjavel, et celles qui furent publiées de son temps à l'occasion de ses démêlés avec M. de Foresta et avec l'abbé Mervesin, sont loin de composer tout le bagage poétique de l'Hérodote aptésien. Un plus grand nombre n'existent plus ou se trouvent enfouies dans quelque cabinet de collectionneur. M. de Crozet, savant bibliophile de Marseille, qui communiqua à M. Barjavel l'*Ode à la Vieillesse*, possédait de notre auteur la *Satire sur le ridicule des modes* (162 vers). Dans sa correspondance il est souvent question de poésie : en mars 1700 il avait envoyé à Castellane d'Auzet une ballade de sa façon. Celui-ci lui répond qu'il semble trop avoir voulu imiter Mme Deshoulières : « Ce n'est pas qu'elle ne soit fort bonne, ajoute-t-il, mais elle serait meilleure sans cela. »

Il est un autre côté du talent poétique de Remerville dont les biographes ont à peine dit un mot et que je dois signaler pour rendre ce travail aussi complet que possible ; c'est Remerville envisagé comme sonnettiste. Depuis quelques années cette vieille forme, dans laquelle nos pères aimaient de préférence à couler leur pensée, est si fort revenue à la mode qu'on attache un vif intérêt à tout ce qui rappelle l'histoire du sonnet. Remerville et ses amis, Castellane d'Auzet surtout, cultivèrent le sonnet à leurs heures. Dans la correspondance inédite des deux savants, c'est plaisir de voir quelques pages de poésie ou de critique poétique, aimable, faisant suite à une interminable discussion sur un texte de vieille chronique. Je me contente de citer deux sonnets de Remerville, dont les rimes avaient été imposées, suivant l'usage assez général du temps, ce qui augmente de beaucoup, on le comprend, les difficultés de la tâche :

Au soin de mon salut moins sensible qu'un *buste,*
J'avois pour vous, Seigneur, le cœur plein de *glaçons ;*
Un plaisir criminel, de fertiles *moissons*
M'occupoient tout entier quand j'étois plus *robuste.*

Sur tout ce que l'Église a de saint et *d'auguste*
On me faisoit alors d'inutiles *leçons ;*
Dans cet abisme affreux je traitois de *chansons*
Les décrets éternels d'un Dieu puissant et *juste.*

Un peu de mal, Seigneur, a dompté mon *orgueil ;*
J'adore les motifs d'un si sévère *accueil,*
Puisqu'il doit à mes sens opposer une *digue.*

Ainsi votre bonté, par de secrets *ressorts,*
Ramène en sa maison ce pauvre enfant *prodigue*
Et fait de son retour l'objet de vos *transports.*

A PHILIS

Le Saint-Père à Calvin fera dresser un *buste,*
Les plus brûlants climats produiront des *glaçons,*
L'hiver ne sera plus sans fruits et sans *moissons,*
La fièvre tiendra lieu d'une santé *robuste ;*

L'histoire blasmera la clémence d' *Auguste,*
Un régent du bedeau recevra les   *leçons,*
L'opéra n'aura plus machines ni   *chansons,*
Et Thémis au barreau l'épithète de *juste ;*

On trouvera, Philis, un savant sans *orgueil* (1),
Aux taxes les traitants feront un doux *accueil,*
L'impétueux torrent respectera sa   *digue ;*

L'horloge d'elle-même agira sans   *ressorts,*
On verra sur sa fin un avare   *prodigue,*
Quand vous ne serez plus l'objet de mes *transports.*

Ces deux sonnets sont du mois d'août 1695 ; si je ne craignais de m'écarter trop de mon sujet, j'en citerais plusieurs autres qui furent faits à Marseille par divers personnages sur les mêmes rimes, à propos de l'arrivée du duc de Vendôme en cette ville. Quelque jour peut-être pourront-ils trouver place dans un recueil spécial.

Mais puisque, dans ce mémoire, il a été si souvent question de Castellane d'Auzet, on me permettra de citer deux sonnets inédits de sa façon, qui prouveront que le docte correspondant de Remerville avait, lui aussi, le souffle poétique, et était capable de donner son avis en cette matière :

L'ENFER

Dans un lieu qu'en horreur nul autre ne surpasse
Ne respirer qu'un air pesant et ténébreux,
Sans relâche estre en proye à des monstres affreux
Et passer tour à tour des flâmes dans la glace ;

Avoir un souvenir qui jamais ne s'efface
D'avoir pu mériter d'estre toujours heureux ;
Ouïr d'horribles cris, voir des monstres hideux
Et n'espérer jamais d'obtenir quelque grâce :

(1) Dans sa première rédaction ce vers était ainsi conçu :

Les gens de Loyola vivront exempts d'orgueil.

Castellane d'Auzet fit observer à l'auteur que les jésuites n'avaient rien à faire dans un sonnet à Philis. Remerville, qui n'était pas l'ennemi des jésuites, comme nous l'avons vu, se rendit sans peine à cette observation.

> Ce sont là des tourments, grand Dieu, qui me sont dus
> Pour venger tes bienfaits négligés et perdus,
> Si tu ne prends pitié d'un malheureux coupable ;
>
> Mais ta bonté, Seigneur, pourra-t-elle souffrir
> Que ta justice rende à jamais misérable
> Celui pour qui ton Fils a bien voulu mourir ?

Malgré les chevilles et les répétitions qui émaillent la première partie de ce sonnet, la chute en est heureuse et rappelle le fameux sonnet de Desbarreaux.

Le suivant est meilleur : l'auteur a soin dans une lettre d'expliquer le sens auquel il entend son dernier vers, sens parfaitement orthodoxe :

LE PARADIS

> Globes étincelants dont la grandeur immense
> Étonne mon esprit en ravissant mes yeux,
> Magnifiques palais de la Toute-Puissance,
> Combien renfermez-vous de trésors précieux ?
>
> Là, ni l'oppression ni la triste indigence,
> Ni tous les autres maux qu'on souffre en ces bas lieux
> Ne mêleront jamais la crainte à l'espérance
> De posséder toujours un repos glorieux.
>
> Plaisirs, richesse, honneurs trouvez-vous tous ensemble,
> Vous ne sauriez produire aucun bien qui ressemble
> Aux biens que Dieu promet à qui suivra sa loi.
>
> N'en doutez pas, mortels, un Dieu vous en assure,
> Contemplez l'univers, consultez la nature,
> Écoutez la raison, et vous aurez la foi.

Entre les poésies légères de Remerville, je me contente de signaler deux contes : *Laïs et Phryné*, et le *Conte du petit père André*, que mentionnent les biographes et dont je n'ai pu retrouver le texte. Mais on me pardonnera de citer en entier le conte suivant, que notre auteur adressait à Galaup de Chasteuil ; bien qu'il ait été reproduit déjà par le *Mercure Aptésien* du 5 octobre 1856, on le lira volontiers dans cette notice :

CONTE

Un certain magistrat de capacité mince
    Dans je ne sais quelle province
(L'endroit n'importe guère au fait dont il s'agit)
Un jour, en plein hiver, estant à l'audience,
    A peine fut-il en séance
    Que la froidure le saisit.
    D'abord sans pouls et sans parole,
    Le magistrat en pâmoison
Fit suspendre les plaids qu'on tenoit sur le rôle :
    On l'emporte dans sa maison
Du fascheux accident son espouse avertie
Met tous ses gens en train pour l'échauffer un peu :
    L'un court vite allumer du feu,
    L'autre prépare une rôtie,
    Tant qu'à la fin nostre docteur
    Ayant repris quelque vigueur :
« Ah ! ma femme, dit-il, est-il peine plus dure
« Que celle où nous voyons un capucin réduit ?
« Comment font-ils, hélas! sans linge, sans chaussure
    « D'aller, tous les soirs à minuit,
« Et presque demy-nuds, affronter la froidure ?
    « Vite, qu'on ordonne à mes gens
« De leur porter du bois, du vin et des sarments.
« Je veux, ajouta-t-il d'une parole grave,
    « Qu'ils'ayent pour réparer leur corps
« De quoy se bien chauffer et dedans et dehors,
« Que le vin soit au moins le meilleur de la cave ;
    « C'est là surtout ce qu'il leur faut. »
Cependant le docteur, tout tremblottant encore
    Est couché dans un lit bien chaud,
Où ceste froide humeur doucement s'évapore.
    Bien à son ayse entre ses draps,
Bien chauffé, bien repu, bien sain de corps et d'âme,
    Il fait encor venir sa femme
    Pour s'informer si l'on n'a pas
    Exécuté son ordonnance.
    On lui répond qu'en diligence
    Tout ira selon ses souhaits,
Que bientôt capucins se rempliront la panse
    Et se chaufferont à ses frais.
    « Non, non, faites que l'on diffère,
    Répond le docteur à l'instant ;
    « Ce secours ne presse pas tant,
« Il me semble, aussi bien, que le froid se modère. »

Il est un dernier côté de la physionomie poétique de notre aptésien qui a été laissé dans l'ombre plus encore que tous ceux que nous venons d'envisager : c'est le poète provençal. Une étude plus sérieuse de notre littérature nationale montre que le provençal n'a jamais été une langue morte, même en poésie; et comme nous l'avons observé déjà dans le courant de cette étude, la langue d'oc fut cultivée avec succès à cette époque du plein épanouissement de la langue du nord. Celle-ci, il est vrai, resta maîtresse du champ de bataille : la centralisation politique et littéraire qui caractérisa l'administration de Louis XIV, ne permit pas à la vieille langue des troubadours de trouver un théâtre assez large pour se mouvoir librement. Et puis, il faut bien l'avouer, nous n'avions pas d'homme qui fût de taille à lutter avec Corneille et Racine, Molière et Lafontaine. Mais dans le champ étroit qui lui resta, le provençal fit preuve de vitalité, et, pour nous en tenir à nos aptésiens, M. de Foresta rimait en provençal, comme nous l'avons dit, Mervesin faisait de bonnes poésies provençales, et Remerville voulut cultiver à son tour l'idiome dont retentit encore le sol natal, du Rhône aux Alpes, de la Méditerranée au Ventoux.

Deux pièces de Remerville, conservées dans les manuscrits du P. Bougerel, ont pu nous parvenir. La première est une *Ode à la louange de la Provence.* Un érudit aptésien, M. Alfred Artaud en cite quelques fragments dans son curieux et savant ouvrage : *Les Félibres aux jeux floraux d'Apt en 1862.* Je me contente de lui emprunter les deux strophes suivantes :

> Provenço que tous leis agis,
> An cantado eme plaisi,
> De quant d'autreis avantagis
> Occuparias moun lesi !
> D'eici, sous la feuillo verto,
> La miougrano entreduberto
> M'offro un courau delicat :

Et d'eila, ma man levado
Es doublament attirado
Per la figo et lou muscat.

Dins l'endrech ounte me meno
L'esprit que conduit mei pas
Floro tout l'an se permeno
Senso creigne lei verglas.
La biso n'es interdito ;
Lou soulet zephir habito
Un ciel tant doux et tant beou
Soun air attiro lou mounde
Et la terro se li founde
En fouens de sucre et de meou.

Cette pièce paraît avoir été écrite en 1690.

L'autre pièce provençale de notre auteur est un Noël composé pour l'année 1717. M. Artaud en cite cinq strophes ; nous lui empruntons les deux premières et la dernière :

Que de sujet d'allegresso
Aujourd'hui nous es dounat !
Selon la santo proumesso
Lou divin Messio es nat.
Lou demoun de seis bravados
Fara plus tant de canquan,
Seis ounglos saran rougnado
Per aqueou pichot enfan.

Lou traite toujour alerto
Per pousque nous groufignar
Quand a causa nouestro perto
Dins de lach crei se bagnar.
De soun haleno infernalo
Es sourtit tant de verin
Que l'autoritat papalo
Semblo estre sur soun déclin.

. . . .
Que graci deven vous rendre,
Adourable Redemptour,
D'aver mes per nous defendre,
Un tant fidele pastour !
Lou troupeou sout'aqueou guido
Creine pas de trahisoun ;
Counservas-nous uno vido
Que nous fa tant de besoun.

Je suis heureux de pouvoir reproduire cette dernière strophe, qui est toute à l'honneur de l'ancien rival de Remerville, Joseph-Ignace de Foresta. On voit qu'il ne restait plus trace des querelles du temps passé.

Tel est Remerville. Nous avons envisagé l'homme dans sa vie intime aussi bien que dans ses œuvres : historien, critique, poète, l'esprit facile de l'écrivain s'accommodait à tous les genres, et savait dans tous occuper dignement sa place. Je pourrais ajouter que, par bien des endroits de ses ouvrages ou de sa correspondance inédite, il se montre aussi archéologue, numismate, linguiste, physicien et parfois même théologien. Mais il convient de se borner ; en voilà déjà plus qu'il n'en faut pour que l'auteur puisse espérer avoir atteint le but qu'il s'était proposé en écrivant ces pages, faire connaître l'homme et ses travaux pour que l'on soit à même d'apprécier l'œuvre et l'ouvrier.

Puissent ces simples pages contribuer à présenter sous son vrai jour cette figure du vieux temps : l'auteur a cherché à être véridique et impartial ; il a oublié que coule dans ses veines une goutte du sang des Remerville (1), pour se borner au rôle de rapporteur exact et de témoin désintéressé.

(1) Pierre de Remerville, aïeul paternel de l'Hérodote aptésien, seigneur de Champigneulle en Lorraine, capitaine d'infanterie, qui assista aux fameuses batailles de Dreux, Saint-Denis, Jarnac et Moncontour, où il reçut plusieurs blessures, eut, entre autres enfants, François-Antoine de Remerville, père de notre écrivain, et Florimonde, qui épousa Gaspard du Bois, seigneur de St-Vincent (Voir l'*Histoire héroïque de la noblesse de Provence*, par Artefeuil, tom. II, pag. 304 et 422). Leur fille, Gabrielle du Bois de St-Vincent, qui était la cousine germaine du célèbre historien d'Apt, épousa François de Sinéty, écuyer de la même ville ; de ce mariage naquit Joseph de Sinéty, bisaïeul de Anne-Marthe de Sinéty, laquelle épousa, en 1770, Joseph-Charles de Morard, bisaïeul maternel de l'auteur de ce mémoire.

Avignon. — Typographie SEGUIN frères. — 506

www.ingramcontent.com/pod-product-compliance
Ingram Content Group UK Ltd.
Pitfield, Milton Keynes, MK11 3LW, UK
UKHW021152220726
13924UKWH00003B/1115